U0687436

价值投资 之 纵横捭阖

宝晓辉 ◎ 著

中国金融出版社

责任编辑：黄海清
责任校对：张志文
责任印制：张也男

图书在版编目（CIP）数据

价值投资之纵横捭阖／宝晓辉著．—北京：中国金融出版社，
2020.5

ISBN 978-7-5220-0574-4

Ⅰ．①价… Ⅱ．①宝… Ⅲ．①女性—私人投资—通俗读物
Ⅳ．①F830.59-49

中国版本图书馆CIP数据核字（2020）第059096号

价值投资之纵横捭阖
Jiazhi Touzi zhi Zongheng Baihe

出版
发行 **中国金融出版社**

社址 北京市丰台区益泽路2号
市场开发部 （010）66024766，63805472，63439533（传真）
网上书店 http://www.chinafph.com
　　　　 （010）66024766，63372837（传真）
读者服务部 （010）66070833，62568380
邮编 100071
经销 新华书店
印刷 北京侨友印刷有限公司
尺寸 130毫米×210毫米
印张 4.75
字数 76千
版次 2020年5月第1版
印次 2020年5月第1次印刷
定价 128.00元
ISBN 978-7-5220-0574-4
如出现印装错误本社负责调换 联系电话（010）63263947

我与晓辉曾经是同事，相识已有多年。在她的身上，我能看到一种对投资目标执着、始终坚持、好学专业的品格和天赋。

她对于价值投资的理解和践行独具特色，走出了一条属于自己的道路。当她踏上私募之路时，我为她祝福；当她的产品业绩连年走强时，我向她祝贺。

而今，当晓辉将自己的思考与感悟集结成书时，我认为这是中国投资界的中生代力量对于投资本质的一次揭示与阐述。在这本书里，我们既能看到勤于思考、善于学习的女性如何一步步成为一家优秀私募公司的领路人，也能看到一位挥斥方遒的投资经理如何选股、如何决策。无论是对中国资本市场发展演变历史有兴趣的读者，还是意欲了解投资方法、学习实操战术的读者，这本书都具有一读的价值。

更值得一提的是，本书还融合了晓辉对于中国古典文化的认识与理解。她阅读广泛，尤其偏爱古代经典、历史书籍。这份"不务正业"的爱好，却能够成为她寻找投资本质时的路标与灯塔，令人赞赏。事实上投资之道就是处世之道、做人之道。佛家有"一法通、万法通"的说法，儒家也说"世事洞明皆学问"，对于流芳至今的中国古代智慧，我们需要多一些敬畏、多一些自省。这本《价值投资之纵横捭阖》，便是一个极好的例子。

在此，我希望晓辉的这本著作能为更多人所见、所知；我也希望，伴随着中国资本市场的不断发展和进化，晓辉未来还能够继续坚持写作，把自己的更多感悟与洞见，分享给身在资本市场内的每一个人。

——张林广

中国人寿养老保险股份有限公司副总裁

　　我和宝晓辉女士曾是同事，又是多年的朋友。她金融科班出身，十多年如一日，一直热爱着投资管理事业。她在2015年创立了上海畅力资产管理有限公司，寄希望于用自己多年来的经验和感悟，为客户创造价值。五年来，畅力资产不断摸索适合市场的投资策略和风控体系，积累了一定的经验和相对稳定的投资风格，产品净值几年来多次排名全国前列，给客户带来了丰厚的回报。

　　正所谓"授人以鱼不如授人以渔"，宝晓辉女士不仅在产品业绩方面为客户带来了丰厚的回报，更想把多年来的投资经验和理念分享给大家。《价值投资之纵横阖捭》这本书的出版，是宝晓辉女士长期思考的智慧结晶，也令我们这些老战友由衷地高兴。

　　《价值投资之纵横阖捭》这本书，是宝晓辉女士对自己五年私募，乃至十多年投资人生内心修炼的复盘。在书中，宝晓辉女士系统地介绍了其借鉴先人智慧、结合自己多年来的实操经验形成的一套系统的价值投资理念，并通过亲身经历的许多生动的案例，栩栩如生地呈现出来，读来通俗易懂。

尽管"法无定法"，但"静能生定、定能生慧"，希望这本书能让读者在嘈杂的信息中捋清头绪，在混沌中认识市场的阶段性规律，保持定力，并坚守自己的投资理念，最终对大家在投资理财中资产的保值、增值有所帮助。

——尹占华

第一创业证券股份有限公司副总裁

人生在世，有所经历的很多，能留下感悟的却很少。而当这份感悟能够与大势相合，折射出时代变迁与发展时，便更为可贵了。

宝晓辉女士的这部《价值投资之纵横捭阖》，便是这样一部可贵的著作。作为中国第一代绝对收益投资经理，宝女士经历了中国股市十多年来波澜壮阔的起起落落。从一级市场投资者，到养老金管理的"国家队"，再到拥有属于自己的私募公司，她丰富的人生经历塑造了独特的投资风格。尽管在很长一段时间内，她的名字并不像许多私募大佬那样，于行外人如雷贯耳，但在行业内，她的投资风格有着很高的辨识度。而今，她的私募公司已经稳定运作五年，为投资者交出了一份满意的答卷，我想，这也是对她长期以来努力的恰当回报。

而现在，她通过《价值投资之纵横捭阖》这本著作，分享她的故事与观点。她的分享，对我们这些作了二十多年投资研究的专业人士来说，有助于观照自身、取长补短；对广大散户投资者来说，则是难得的近距离围观一线操盘手心路历程与操作手法的好机会。

时代在变化，我们已经来到了一个共享精神、知识与见解的世界。以往各自为政、对自己的"绝活"敝帚自珍的投资者，也不该再像武侠小说里的门派那样，把自己的武功当作珍藏的秘籍。只有互相分享交流、砥砺论辩，才能让整个投资行业变得更加繁荣昌盛。宝女士的这本著作，开了一个好头。我期待着，更多来自投资界的睿智观点能够相互碰撞、进化，共同为中国资本市场的健全发展作出贡献，以金融的力量，为国家谋发展，为人民谋福祉。

——黄燕铭
国泰君安证券股份有限公司研究所所长

宝晓辉女士的著作《价值投资之纵横捭阖》面世，令我颇感快慰。宝晓辉女士长期以来从事证券投资与资产管理工作，拥有丰富的经验和优秀的业绩，是资产管理行业中生代的代表人物。她的这本著作，融合了十多年来的心血与研究，是值得每一位投资从业者一观的作品。

对于投资，我始终认为，需要保持一颗赤子之心，不断吸收、学习、总结、提炼。《价值投资之纵横捭阖》就是这种提炼的产物。其中所蕴含的知识与方法论，值得细细咀嚼，而现代投资技战术与古代纵横家驰骋天下的道法相结合，更体现出宝晓辉女士的格局。而最令人感动的，还是这本著作中体现出的作者的自省与感悟。

资产管理在全球范围内已经有了数百年的历史，但在中国，真正意义上的现代资产管理还是一个新生事物，新中国股市的创立也不到三十年。从人的尺度来看，三十年是漫长的；但从市场的尺度来看，三十年只是一个开始，我辈虽说是"专业投资者"，但面对市场，谁又不是海滩边捡着贝壳的孩子呢？唯有怀着自省，时时感悟，才能剥离掉蒙蔽双眼的欲望与傲慢，意识到自己还是那个光着脚丫在海滩上行走的孩子。

《价值投资之纵横捭阖》，是沙滩上留下的一行脚印，但又不完全与足迹相同——一旦立于文字，这份感悟和自省，便能长久保存，让更多投资领域的后来人参照。事实上，即使是比作者工作年限更久、经验更丰的投资人，相信也能从这本书中找到有益于自身投资之道的养分。

——赵晓光

天风证券股份有限公司副总裁兼研究所所长

人的终极追求是财富自由、人身自由、精神自由。小胜靠智，大胜靠德。投资不仅是知识积累的过程，还是心性修炼的过程。面对未来，我们对世界也包括对人类自身的认知都是十分有限的，何况更难的是知行合一和执行力。有人把简单的事情做到极致，收获了一个时代；有人号称算无遗策以大师自居，却始终作壁上观。

其实，各领域的成功是有规律性的：有梦想，决定一个人有多大的胸怀和格局，能走多远；有毅力，决定能否把事情做到极致，能否把失败变成财富，能否跌倒了爬起来；有运气，选择了一个好赛道和好时代，能否给梦想加上杠杆。

长期以来，宝晓辉女士热爱投资和资产管理，并进行了积极的实践，积累了丰富的经验，更难得的是她愿意将这些宝贵的心得分享给大家，此书值得一读。

人生是一趟心灵的伟大旅程：嗷嗷待哺的婴儿，满面红光的学童，哀歌的恋人，长胡子的士兵，身经百战的将军，戴眼镜的政治家，返璞归真的贤者。佛度众生，众生自度。

———任泽平
恒大集团首席经济学家、研究院院长

　　三十而立，中国股市正处在这样一个具有里程碑意义的时刻。从无到有、从小到大、从青葱莽撞到日益稳健，中国股市已经成长为全球总市值第二大的市场。伴随着中国经济不断超越世界强国的脚步，诞生了一批优秀的上市公司，长期增长稳健、在国内甚至在国际上具备核心竞争力，财务指标优秀、公司治理稳健。同样，伴随着资本市场的日趋壮大，我们的资产管理业也培育了一批优秀的投资经理，聪明又勤奋、专业且专注，在过往取得了出众的投资业绩。宝晓辉女士作为中国第一批养老金管理基金经理和第一批绝对收益投资经理，正是其中一员。

　　随着中国金融开放的大门越开越大，深度融入全球资本市场为中国股市带来了前所未有的机遇和空间。国际金融危机之后美欧资本市场开启了十余年的牛市，但目前正处在变局的时刻，增长乏力、民粹主义盛行、长期结构转型遭遇短期体制障碍难以突破，"逆全球化"和"英国脱欧"等区域一体化开倒车，"负利率"、货币流动性泛滥，全球陷入"资产荒"。而反观中国，经济进入高质量发展阶段，脱离了传统基建地产强刺激的"老路"依然能够贡献全球最大的经济增量，金融供给侧结构性改革打破刚性兑付，使无风险利率具备大幅下降的空间，新旧动能转换推动经济进入了新一轮科技创新的周期，中央"牵一发而动全身"的定位使资本市场站在了新的高度，制度变革迸发巨大活力，面对"新冠病毒"疫情时体现出巨大的体制优势，将会被全世界所认可！

全球最好的资产在中国，中国最好的资产在股市。

未来是一个全球配置的时代，是一个机构配置的时代，也是一个居民配置的时代，"三重配置"将推动A股市场步入"长牛"。全球会有越来越多的资金配置中国资产，银行、保险、养老金、企业年金、职业年金等掌握巨量资金的机构也将越来越大比重地配置中国权益资产，同样，作为居民而言，也会像美国等发达市场一样，越来越多地提升权益资产在财富中的比重。权益时代的潮流在召唤，市场需要更多优秀的投资经理，需要更多优秀的投资策略、方法和经验。宝女士愿把自己多年投资经验和思考总结成书——《价值投资之纵横捭阖》，我甚是欢喜，她浸润市场多年的经验和经历不可谓不丰富，真枪实弹的实践案例不可谓不宝贵，思考成就个人，分享成就他人。感谢宝女士在中国股市新时代为我们大家带来这一份"礼物"。

——王德伦

兴业证券首席策略分析师

对于任何一位从事投资行业的人来说，总结经验总是艰难的。

原因很简单，市场实在是太复杂了。我在行业摸爬滚打了十几年，却依然只能对它保持敬畏。尽管如此，投资，对于我仍是一件充满乐趣的事情。通过研究和投资，能让我看到更大的世界、更广阔的领域，了解到世界上最超前的行业和知识。

直观来看，人类本身就是一种感性与理性并存的生物。感性是人类区别于其他生物及机器的最大不同之处，感性也铸成了人的性格与行为的多变与不确定性。研究和投资逻辑，诚然属于科学的理性部分，需要量化分析，科学与量化之间从来不能简单地画上等号。

形成"固收+"管理型基金产品的投资体系，若单纯地依靠理性的逻辑数据进行技术推理而忽视人性、伦理，那么是否就能规避金融危机、经济危机呢？如果仅仅依靠理性的逻辑、数据、推理，构建从小到基金的投资体系、大到国家金融体系，是否能够规避金融危机、经济危机呢？如果忽略资本的原罪，从实践来看，这样的想法无疑是荒谬的。

在大多数情况下，现代投资学都会脱离古典人性学，或许有人认为，任何经验、知识一旦落纸成文，不可避免地带有天然的滞后性。一方面，从世界范围看，国家、企业、资本、科技四大象限搅得天翻地覆。世界经济面临变局，第四次金融危机正式开展，中美贸易摩擦持续、"新冠病毒"疫情的爆发、4000亿蝗虫的肆虐、叠加债务危机、难民问题等，令世界各国都失去了方向；另一方面，科技发展日新月异。人工智能（AI）取代人工，生命科学之手对人体大脑通过细如头发丝四分之一的射线进行芯片植入的成功等都成为进行时。社会在发展、科技在更替，万事万物在更替交错，然而，社会的进步都是人类创造的。人类创造，就离不开人性。

投资学也与心理学、人类学、伦理学、历史学等领域相互交融，洞穿人性或将成为投资学的重要分支。毕竟，在未来的体验经济时代中，"人"作为体验的主体，将成为时代主题词，破解人性的复杂也将成为体验经济时代的关键。当然，这绝不意味着披上科学的外衣玩迷信。相反，以古人的心理学原理洞穿事务本质，是一种科学理性的思维，可以帮助人们坦然地面对大拐点，迎接大时代的到来。

资本市场本身就是这个世界的缩影，寻求投资的成功，其实也就是探索人生之道。投资的方寸之间，其实便是人在寻找属于自己的"道"。人生在世，终究想要搞明白活着是为了什么，又能做到什么。成就自我，是每个人的大欢喜，这种对身心的满足，不是简单的"快乐"二字所能衡量的。

这条"道"，有的人走的是正道，有的人喜欢抄捷径；有的人选择了困难的攀登，有的人选择了舒适的下坡；有的人一路极速前进走在前面，有的人缓缓而行观赏身边的风景。但无论何种选择，有一点是可以肯定的——每个人在自己的道路上行走时，都是孤单的。

但孤单并不等于孤独。很幸运的是，在我寻找投资之道、做人之道的旅途中，有前辈朋友的指点，有大师理论的引领，以及传统文化中的智慧。

正如这本书的书名《价值投资之纵横捭阖》，《鬼谷子》这本著作可以说是我投资之道上始终闪烁的明灯。在我最早踏上工作岗位，管理一群比自己年资更长、经验更丰富的从业人员时，以《鬼谷子》为代表的一系列经典著作便是我完善心性、圆融人事的参考。而在我转向二级市场投资后，《鬼谷子》中的微言大义，则令我时时观照自身，警惕人性。直到今天，当我在面对未知时，它依然是支撑我作出决策、经受考验的坚实基础。

而今，作为一名私募从业者，我管理的基金在行业中略见小成，连续两年业绩进入国内私募基金第一梯队。

我之所以选择写下这本小书，将自己作为中国第一代绝对收益投资经理的心路历程与投资思考总结成文，正是为了分享自己的心得、经验与教训，帮助投资之路上的同行者们相互砥砺。若这本小书的内容能够帮助读者在投资之路上少踩几个陷阱、多摘几颗果实，那便足以慰我心怀了。而若是其中的故事与道理，能够引发读者诸君对人生的点滴思考，就更加令人荣幸了。

目 录

第一章

投资中的「捭」与「阖」

2012年初，我重仓了一只医药股。彼时，我的身份是某大型国有保险公司旗下资产管理有限公司养老金机构部的投资经理，可以算得上是投资"国家队"的队员。

对于这次重仓，我的领导与同事几乎没有一个不质疑的。也难怪，我买它的时候，市场上几乎没有人看好它，买完之后整整3个月迟迟没有动静，一路横盘。

对于散户来说，"买了，就当忘记了"有时候是种不错的心态，计较几分几厘的得失而一通操作，往往还不如多点耐心多点观望；但对于身在"国家队"、肩负党和国家赋予的使命的投资经理来说，身上背着绝对收益盈利指标，每一笔资金都有成本，"买了不涨"，必然承担很大的心理压力。

在那段时间里，领导为我愁得都掉了头发，几乎每天早上都在部门晨会上追问我"怎么还拿着它，为什么要重仓"——毕竟，我的业绩若是不好，也会影响同部门和团队成员的业绩。在压力最大的时候，整整一个月，每天的晨会我都要面对几位领导的"车轮战"，反复解释持有这只股票的原因。抵挡向我飞来的"板砖"，成了每天晨会的保留节目。

有几位同事甚至好心地劝我："你这阵子在开会时就换个座位吧，别老坐在领导对面，他见了你就焦虑。"

只有我相信，拿这只票今后会有丰厚的回报，因为我坚信自己的研究成果。

这当然不是盲目自信。《鬼谷子》说，天下的事情无非是"捭阖"，也就是"开与关"。怎么决定什么时候捭，什么时候阖呢？便是要"审明其计谋，以原其同异。离合有守，先从其志"。

尤其是在"捭"的时候，"欲捭之贵周"，也就是一定要思虑周详。

在重仓这只医药股之前，我做过很多功课，有盘内的，也有盘外的。所谓"工夫在诗外"，在进入投资行业之前，我曾以三十岁不到的年纪，在一家大型的实业集团担任副董事长的职位，专司并购重组工作。在一级市场的经历让我对企业内部的运作机制有更深的了解，也更明白数据与图表的不足之处。

下单之前，我专门找到为这家公司提供过融资的一位银行副行长，向他了解这家公司资产负债率的真实情况；我还跑去参加医药行业的各种活动，结识辉瑞、强生等大型药企的朋友，从而对于相关药物拿到许可证的可能性、销售的定价、能实现的产量、整体利润等数字有了一定的判断。在K线图之外，我构建出了这家公司的另一种形象。

而最终促使我下决策的，是这家公司一个不起眼的指标。

我发现，这家公司连续好几个季度，每次都购买至少5000万元的银行理财。这是一个非常不正常的现象——负债经营是绝大多数现代企业的常态，这家公司也有不少银行贷款。众所周知，银行贷款的利率，必然比银行理财的收益率要高。也就是说，这个行为事实上就是让公司亏钱。

既然有钱买银行理财，为何不把贷款给还了呢？看上去不合逻辑，但只要"审明其计谋"，就会发现真相只有一个：这家公司宁可损失利息差，也要保持手上有足量的现金，这说明它正在计划某件需要大量现金的事情。

果不其然，在之后的一段时间里，这家医药企业开始大量并购医院，拓展业务，发展一日千里。而这只股票也在三年之间，带来了12倍的收益。

与买入持有的"捭"相比，卖出空仓的"阖"，很多时候更加困难。投资圈有句俗话，"会买的是徒弟，会卖的是师父"。原因在于，"捭"时需要观察数据与事实，而决定"阖"的，除了客观事实，还有主观上的人性——鬼谷子云

"阖之贵密"，说的就是要把最终的目标深藏于心，不能被他人知觉影响。

2015年，我创立了属于自己的私募公司——畅力资产。当然，在这个年份，一家私募公司的成立只是再小不过的事件，而令几乎所有投资者都印象深刻的，是那一年中国股市的两轮断崖式下跌。

早在2015年6月23日的"千股跌停"时，我就清空了全部的仓位。当时，股市几乎每天都在突破新低，所有的迹象都像是在诱惑人们：已经到底部了，赶紧来抄底吧！

对于投资经理来说，眼看着指数一路下行，简直是赤裸裸的诱惑。到了7月1日，这种诱惑达到了极致。我凭借多年投资的理智告诉自己，绝对不能在此刻入市。

我连酒店都没订，直接冲到机场买了一张去广州的机票，飞去了广州"度假"。只有这样，才能让自己不至于忍不住诱惑。我甚至还通知公司人员，把公司交易部所有的交易密码都改了——在那样的局面下，要是不改密码，连交易员说不定都会忍不住违规下单。

在广州休息的那一个月里，股市还在不断下行，我也不断收到客户的感谢电话，"要不是你忍得住，说不定就亏大了"。但一个月之后，客户的不满情绪开始出现——毕竟，我拿着他们的资金，是要收管理费的。长期不操作，不买入，客户自然会不满意。

很多时候，"无为"需要承担更大的压力。

又忍了两个礼拜，我终于也忍不住了。一天早上，在和一位本地老板喝早茶的时候，他分析了资本市场的形势，认为乱局已过，到了重整旗鼓的时候。我一拍桌子："麻烦您给我安排个车，送我去机场。"

如果这是一个英雄故事，那么接下来的剧情应该是我杀回上海，大胆买入，赶上一波行情。但如大家所知，2015年的股市一直颓圮直至次年，我回到上海后甫一入市，就被市场的铁拳轰翻在地，想要重整旗鼓的时候又遇上了前所未有的"熔断新政"。幸亏仓位不高，否则必然伤筋动骨。

以上的两个故事，是我十多年投资生涯中的亲身经历，也时常令我反思：投资之道，要注重研究投资逻辑，面对事实厘清道理，也要懂人心、知人性。这其中的捭阖之术，值得深思。在本书接下来的篇幅中，我将通过对于《鬼谷子》的理解与案例，分析古典智慧在现代投资战术中的使用。

第二章

看清人心的涨跌幅

我之所以将《鬼谷子》作为这本书的理论依归，与我的爱好和经历有关。如前所述，早年间，我研究生毕业后供职于一家拥有23家实体企业的综合性投资集团，并在较短的时间内从普通财务人员晋升到公司副董事长，专司公司并购重组业务。当时不到30岁的我需要管理一支专业、资深的团队，队伍中不少人都是四五十岁的"老江湖"，自然很难对我信服。

在这样的情况下，我开始从古籍中寻求与人交往相处、令人心悦诚服的方法。原本我就有阅读古书的爱好，此刻更是将《鬼谷子》等纵横经典当作良师益友。时代虽然变了，但人心与人性总有相通之处，能够流传两千多年经久不衰的知识，也一定有它的普适性。而结果也并没有令人失望——当我把从《鬼谷子》中学到的捭阖、揣摩、忤合、谋断等方式用于职场时，收获的是许多优秀同事的信任与业务上的成功。

此后，当我加入中国最大的机构投资者之一，成为投资"国家队"一员，为无数民众掌管财富、谋求增值时，《鬼谷子》中的诸多箴言，也令我受益匪浅。在"国家队"期间，我经历了2011年"股债双杀"的熊市，并在2012年通过独立研究、思考、判断，在选择成长和周期板块配置的同时，重仓了前文提及的那只医药股，取得了丰厚的回报；在2013年，我的另一只重仓股两年间获得了13倍的绝对收益；2014年，我成功布局了当时一飞冲天的券商板块；等等。这些小小的成果的背后，是我对资本市场更深入的思考。我希望揭开资本市场的本质，寻找投资之道与做人之道之间的共通之处。

很多年后的一天，我已经开创了自己的私募公司。盯盘操盘之外，我也经常与各路朋友一起聚会聊天，他们既是投资路上的良师，也是人生中的益友。有一次，我与一位政界朋友一起喝茶。我们俩都爱好历史类书籍，便探讨起读书的心得。当听到我读了50本左右关于鬼谷子的书籍，在日常投资中也经常运用鬼谷子的谋略时，他一拍大腿："你如果将鬼谷子的哲学理论运用到投资中，这就打开了投资的慧观、格局观，将投资升华到了更高的高度。"

这番话启发了我，开始系统性地思考鬼谷子哲学在投资中的应用，并最终决定写下这本小书，与大家共同探讨。

《鬼谷子》源于春秋战国，是一本涵盖了哲学、政治学、军事学、心理学、社会学等多种学科的奇书，因其深刻的思想性与文学性，两千年来大批解读者们趋之若鹜，以自己的学识与经历，观照纵横家开山鼻祖的一生所学。

捭阖之术是鬼谷子的精髓，在《鬼谷子》体系中占有重要地位，其思想基础与传统阴阳观相一致。当年，以鬼谷子为代表的一系列纵横家们，以万千气象、浩荡胸襟游说各国诸侯，助其君临天下。而今，捭阖之术也经常被我用于投资之中，让我更容易看清人心的涨跌幅。

纵横家，往往被看作操纵人心与人性的高手。历史上流传的故事里，也不乏纵横家凭三寸不烂之舌挑动天下风云的经典故事。有人可能问："纵横家们面对的是人，自然能通过捭阖之术挑动对方情绪，来达到自己的目的。而投资面对的是资金与市场，难道捭阖之术也能用吗？"

答案是肯定的。市场虽然复杂多变，但构成市场的终究是人，而资金本身也是有人性的，是有生命力和灵性的载体。涨与跌往往来自人的情绪，而人的情绪又受涨跌影响，形成一个轮回与反馈的体系。

当然，对市场的观察与影响，远比对人的观察与影响要难得多。人有五官，有表情，有言语，一个高情商的人很容易通过话语、语气甚至神态分辨出他人的情绪、想法和欲望。与之相比，数字看上去是冷冰冰的，要在投资中认清数字的情绪，则要困难得多。毕竟，对手盘总是隐藏在计算机屏幕之后，要探寻资金走向背后潜藏的目的与意图，能够分析的信息要少得多。

而且，在你窥视深渊的时候，深渊也窥视着你。每个投资者的每一个操作，都会在市场上留下痕迹，就像是雪地上经过的动物，总会留下行迹。如果你是一个资金量较少的散户，行走过的痕迹如蜻蜓点水，风过无痕；但如果你是机构操盘者，手中的资金量较大，便如奔马过境，总会留下长长的足迹。其他投资者便有可能从你的行迹中探索出你的真实目的，从而加以利用，甚至迎头狙击。

因此，在投资之中运用捭阖之术，不但要通过"捭"的方式向外开拓，观察他人，也需要适时地"阖"，深藏不露，隐藏自己的真实意图。在交易过程中运用的手段，都是为了权衡得失利害、轻重缓急，从而了解对方的实力和计谋——对手有时候是有形的对手盘，有时候则是无形的资本市场甚至经济大势——以此作出测度和分析，再谋划下一步行动的方略。

具体来说，在和对手盘博弈时，可以通过观察盘面数据了解对手盘的动态和意向，从而探求出对手盘的真实意图。得知对方的实际情况之后，自己则应该静观以挑动对手盘的操作，以便寻找合适时机，从对手盘的动态中了解于自己有利的切入或出局时机。只有在全面把握了真实情况后，才能作出决断：是敞开心扉，让对手盘明白自己的想法，配合双赢；还是封闭心扉，隐瞒自己的真实想法，进一步考察双方的目的是相符还是相悖，从而选择合适的策略方案继续推进。而如果试探之后发现行动方略对自己不利，便要果断舍弃行动，另谋良策了。这也是"阖"的一种体现。

在投资实践中，对手盘双方的搏杀有时候就像是一片黑暗森林之中的两个枪手，双方都精于潜藏身形；找到对方踪影的唯一机会，有时只能靠自己"卖个破绽"，通过"捭"与"阖"传达出信息，勾动对手的思维与行动。

我有次参加饭局时，听朋友说起市场中有一位大散户便是此道高手。在一次极短线的操盘中，他敏锐地发现，市场上有另一股更为强大的力量也在关注这只股票，并且随时跟进。

对此，他用"捭"术进行了一次试探，以一笔不大的资金连续吸货了当前价格的十档。果不其然，那位实力强大的"对手"立刻以更高价买入作为回应，营造出了强硬的拉升态势。在他又试探了两次吸货十档并得到相同结果之后，他果断决策追入，并且成功地借助了对手盘疯狂吸筹扫货的升力，迅速获利。

这个例子其实就是通过"捭阖之道"，先试探对方的行动来看出对方的意图，再进一步通过自身的"捭"，激发出对方的行动。只要诱使对手盘行动，自己就能够根据对手盘展示出来的想法作决定：是迎头痛击、顺势而为，还是视若不见？主动权都掌握在自己手里。

最后，这只近百亿元的成长股被对手盘直接买到了涨停。而朋友提到的这位大散户便成功地乘上了这股"东风"，获利颇丰。

更进一步来看，这种计谋不仅可以用在应对对手盘的谋略中，也可以用在股票投资的交易手法中。选股的哲学，很多时候也与看人相似。

人有个性，股也有"股性"。如果将投资者看作挥斥方遒的大将军，那么所有的投资品种就是麾下的将士。我管理的基金通常会有四十多个可投资的品种，根据市场环境和净值收益不断地进行配置切换，把握买和卖的时点。

作为以绝对收益为导向的投资经理，我一向认为，不能一味地根据某一投资品种的波动而不停买入卖出，而要站在更高的视角，把握投资品种发展变化的关键，审慎观察资产配置品种的来龙去脉和投资时机、先后顺序，分析其在一定市场环境中的优势和劣势，从而取其所长，避其所短。

不同的投资品种就像世间之人，有贤良的也有不肖的，有聪明的也有愚蠢的，有勇敢的也有怯懦的。与人相似，这些投资品种的"性情"与"欲望"，也需要通过细致全面的分析，才能判断出来。

所谓"人尽其才"，即使是存在一定缺陷的人，也有自己的长处。中国古代有"鸡鸣狗盗"的典故：孟尝君当年门下有大批门客，其中有两个没什么大本事的门客，一个只会钻狗洞偷东西，另一个只会学鸡叫。可最后，当孟尝君被困秦国的时候，就靠着这两个人偷盗宝物，骗开城门，从而成功逃脱。

在选择投资品种的时候也是一样。作为绝对收益投资经理，对于大盘股我通常主要通过对主营业务、财务报表的分析开展研究、判断估值；但对于成长性的公司，在财务报表方面就不能生搬硬套大盘股的标准，因为"市盈率太高""营收太低"等因素，将其筛出投资范围。相反，要对它以及它所在的行业、市场有更深入的分析，以预判它是否可能获得爆发的机会。

在这方面，我的一位投资前辈可以说是郁闷无比。在2007年底，他敏锐地发现了腾讯这只当时价格36元的港股，并且满仓了900万元。2008年4月，他以48元的均价全仓抛出，净赚了200多万元。在当时国际金融危机爆发、股市大跌的背景下，这笔投资算是成功的。

但对港股市场略为熟悉的朋友们都知道，自2008年腾讯的股价一路飙升，在之后的十年里最高飙到了467元。

我曾经向他请教过买入和卖出腾讯的逻辑。这位前辈告诉我，选择满仓的原因是他本身对互联网较为喜爱，又了解到腾讯创始团队的发展故事，对这家公司颇为看好。

而抛出的原因，则是因为2007年"5·30股灾"之后股市的逐渐走低，以及2008年国际金融危机的阴影逐渐袭来。当时，大批企业出现了资金链断裂，倒闭潮涌来，连500强企业都不可避免。这位前辈运用自己的知识与见解作出分析，认为2008年已经是通缩时代的起点，因此抛售了全部股票，"现金为王"。

从大体上来看，他的判断不能说不准确。但在落到具体的公司上时，却"看走了眼"——尽管实体经济遭遇了重创，互联网行业却一路狂飙突进，成长性体现得淋漓尽致。如果当时能留下一部分不抛出，也许总收益能够增加不少。

　　但投资没有"如果"，成熟的投资者也不应该为了"没能赚到的钱"而过度惋惜。总体来说，作为投资者，尤其是秉持绝对收益之道的机构投资者来说，对于基本面好的、拥有价值的投资标的就该长期持有；对基本面差的投资标的要列入禁投池，不可因为一时的异动而改变主意；对于成长性高的投资标的，要重点关注，重仓配置；对于连续亏损的、ST的或即将退市的投资标的则要果断不碰，做投资不能赌。对于弹性较小的投资标的要以长久、稳健的心态进行操作；对于弹性较大的投资标的，要像对个性十足的人才一样，先凭借其冲劲追求短期利益，再看是否获利了结。

　　判断股票的方式与判断人性的方式是一样的。一只股票的基础面，可以从技术图形和趋势能看出端倪，认出虚实；而判断相应的公司是进取还是守成，是闷声发财还是外强中干，则并不那么容易。这就要求操盘手多方寻求信息。

　　有时候，信息的来源相当多元，就如我在本书开篇所提及的那只医药股，最终促使我重仓的决定，是看上去似乎并无太大意义的"上市公司购买银行理财"行为。但反过来说，投资者也不能胶柱鼓瑟，看到有上市公司买银行理财，就觉得它要搞并购——购买银行理财也可能是因为主业不赚钱，甚至可能涉及市场大环境不利而做其他投资等问题，绝不可一概而论，要结合市场大环境和对公司质地的整体分析入手。

《鬼谷子·捭阖》[1]

粤若稽古，圣人之在天地间也，为众生之先。观阴阳之开阖以命物，知存亡之门户，筹策万类之终始，达人心之理，见变化之朕焉，而守司其门户。故圣人之在天下也，自古及今，其道一也。变化无穷，各有所归。或阴或阳，或柔或刚，或开或闭，或弛或张。是故圣人一守司其门户，审察其所先后，度权量能，校其伎巧短长。

夫贤、不肖，智、愚，勇、怯，仁、义，有差，乃可捭，乃可阖；乃可进，乃可退；乃可贱，乃可贵，无为以牧之。审定有无与其虚实，随其嗜欲以见其志意，微排其所言而捭反之，以求其实，实得其指；阖而捭之，以求其利。或开而示之，或阖而闭之。开而示之者，同其情也；阖而闭之者，异其诚也。可与不可，审明其计谋，以原其同异。

---

[1] 本书中《鬼谷子》原文引自立信会计出版社2012年出版的《鬼谷子白话全译》。

离合有守，先从其志。即欲捭之贵周，即欲阖之贵密。周密之贵微，而与道相追。捭之者，料其情也；阖之者，结其诚也。皆见其权衡轻重，乃为之度数，圣人因而为之虑。其不中权衡度数，圣人因而自为之虑。故捭者，或捭而出之，或捭而内之；阖者，或阖而取之，或阖而去之。

捭阖者，天地之道。捭阖者，以变动阴阳，四时开闭，以化万物。纵横、反出、反覆、反忤，必由此矣。捭阖者，道之大化。说之变也，必豫审其变化，吉凶大命系焉。口者，心之门户也；心者，神之主也。志意、喜欲、思虑、智谋，此皆由门户出入，故关之以捭阖，制之以出入。捭之者，开也，言也，阳也；阖之者，闭也，默也，阴也。阴阳其和，终始其义。故言长生、安乐、富贵、尊荣、显名、爱好、财利、得意、喜欲为阳，曰始。故言死亡、忧患、贫贱、苦辱、弃损、亡利、失意、有害、刑戮、诛罚为阴，曰终。诸言法阳之类者，皆曰始，言善以始其事；诸言法阴之类者，皆曰终，言恶以终其谋。捭阖之道，以阴阳试之。故与阳言者依崇高，与阴言者依卑小。以下求小，以高求大。由此言之，无所不出，无所不入，无所不可。可以说人，可以说家，可以说国，可以说天下。为小无内，为大无外。

益损、去就、倍反，皆以阴阳御其事。阳动而行，阴止而藏；阳动而出，阴隐而入。阳还终阴，阴极反阳。以阳动者，德相生也；以阴静者，形相成也。以阳求阴，苞以德也；以阴结阳，施以力也；阴阳相求，由捭阖也。此天地阴阳之道，而说人之法也，为万事之先，是谓圆方之门户。

释义：

纵观古今，可知圣人与常人最大的不同，即圣人可以通过阴阳、开合来观察世间万物，掌握一切事物的发展规律。通过阴阳思维，发现征兆、预测未来、把握事物发展，从而知晓人们内心的变化规律，这是常人难以做到的地方。及时发现事情发展前兆，预测事情发展过程，从而了解事物生存和死亡的关键。圣人在世，立身之道都是一致的。世间万物多样不同，但都有归宿，这些事物或阴或阳，或柔或刚，或开或闭，或弛或张，但是最终也难逃"阴"和"阳"两大类别，阴阳是万物发展的本质规律。因此，圣人在处理事情的时候，总是能善于把握事物的发展规律，谨慎考察事物来龙去脉，审时度势，度量人才的权谋和能力，扬长避短。这样才能摆脱世俗事务和人间纷扰对自由心灵的羁绊，用科学的方法探索、揭示自然和社会的奥秘。世间之人，各有不同，对待不同性格和品性的人有不同的方法，贤德之人，恭为上宾；不肖之人，拒之门外；聪慧之人，加以重用；愚蠢之人，劝退告知；怯懦之人，使其卑贱；勇敢之人，使其尊贵。总之，要顺应每一个人的天性进行驾驭和掌控，人尽其才。选择用人的时候，要考察是否有相应的能力，人品和性格是否如其所说；也可以放任其个人嗜好和品性完全自由发挥，从而暗中观察他的志向和追求。在讨论时，适当地质疑和打压对方，诱导他讲出自己真实的想法。等对方真实意图展现出来之后，此时，自己应该沉默地听取，让对方尽情发挥，看看其言语是否对自己有利，等全面掌握情况后，再敞开心扉或者避而不谈。敞开心扉是为了让对方明白相互之间志趣相投，可以以诚相待；避而不谈，是因为双方观点有异，避免针锋相对。判定决策是否可行，就要全面分析此计谋的前因后果、来龙去脉，从不同角度和维度进行分析，才能明白彼此的优劣势。闻道有先后，术业有专攻，有与自己不同的观点很正常，但是只要有其合理性和可行性，都应该相互尊重，顾全大局，发现别人的长处，改正自己的不足，从而确定自己的最终决策。如果要和对方畅所欲言，敞开心扉，表达自己的观点，那么自己就要有充分的准备，逻辑严密，考虑周全，让对方明白自己是从阴阳和战略层次作的决策，从而把握完全主动权。捭阖之间，既要让对方打开心扉，赤诚相对，又要在对方的观点对我们有利的情况下，让对方取得我们的信任，为我所用。捭与阖，开与关，各有目的，开为广为聚才，取其优势，关为取利去害，自我保护。

天地万物，运行之道，尽出于捭阖之果。捭阖之道，推动万物发展，阴阳交替，轮回发展，生生不息。捭阖之道既然是万事发展的动力，也是我们交谈的策略。讲话之前，必须审时度势，考虑后果。正所谓"成也萧何，败也萧何"，祸从口出的例子不胜枚举。所以，双方交谈，始终要围绕主题，如果要说服一个人去行动，行动是阳性，即用阳性的言辞内容，讲述事物好的一面去启发对方；如果要说服一个人停止，停止是阴性，即用阴性的言辞内容，讲述事物不好的一面去终止对方的行动。与"阳性的人"交流，要用阳性的语言，即可以用崇高的言论打动；与"阴性的人"交流，要用阴性的语言，从而让对方感到被尊重；懂得用卑下来求索微小，以崇高来求索博大，就没有什么不会被说动的了。善于通变，敢于创新。

世上所有得与失、进与退、背叛与归顺，都

是阴阳所致。面对有利的形势，就要一鼓作气，快速发展；面对不利的形势，就要立足稳定，韬光养晦。阴阳双方，相互转换，否极泰来，乐极生悲，周而复始。凡是以进取而作者，必将有德相伴；凡是静而不前者，必因形势所迫。凡是以阳求阴者，必是带着尊敬和爱戴；凡是以阴求阳者，必要下一番努力和工夫。阴阳相求，都为捭阖之道。所以，捭阖既为万物生存之道，也为人世间为人处世之道，谋略之根。要明白阴阳对立相生的关系，阴阳相生相克，阴阳对立转换，只有懂得阴阳之道的人才能够驾驭好游说术。因为此天地阴阳之道，而说人之法也，为万事之先，是谓"圆方之门户"也。

第三章

专业投资者与散户的进与退

要分析和引导市场的情绪，首先就要知道，市场的参与者是谁？他们各自具有怎样的特点？

在投资市场中，无论是股市还是债市，都离不开两种参与者：散户投资者和机构投资者。散户往往是股市情绪的风向标，而机构投资者往往是市场成交的主力。散户和机构之间的相爱相杀构成了投资市场一幕幕的情景剧。

散户，也称个人投资者，是指在资本市场中进行投资的个人。

机构投资者，包括银行、保险、基金、券商资管、信托等，是进行有价证券投资的法人机构。其运用的既可以是自有资金，也可以是向公众或特定个人募集的资金。

诚然，散户中有不少理论实操皆能的"牛散"，有的牛散手中掌握的资金甚至能让大盘都微微一动。但是，散户与机构投资者，仍有着巨大的差别。

从投资的主体和数量上讲，个人投资者在资本市场占有举足轻重的作用。但从持有金融资产的总量讲，个人投资者远远小于机构投资者。以相对成熟的金融市场为例，美国的机构投资者持有全部金融资产的85%，而散户仅占比15%。这样的状态，是在美国股市存在已有二百多年，且有着三十年以上机构化历史的情况下达成的。与之相比，新中国的股市到今天还不足三十年，无论是机构投资者还是个人投资者，在成熟度方面都有着较大的发展空间。

我曾经在投资"国家队"供职多年，如今自己操盘私募，与散户客户进行交流时，会发现散户与机构投资者之间对投资的认知、合规性的把控，有很大的区别。

两者之间的主要差别，可以从信息获取、资金管理、交易方式三方面来分析。

在信息获取的速度、数量、来源与解读上，两者有着很大的区别。从信息获取的速度和数量上看，散户往往都有自己的"主业"，只是利用业余时间获取信息，其信息来源主要是报纸、网络和有限的个人交流。

而对机构投资者而言，对信息的获取和处理几乎就是工作中最重要的部分。此外，投资机构往往通过对公司的实地探访、各类专业研究报告和专业机构之间的交流等多种渠道，甚至耗费巨资购买信息，以期获得准确、精练的市场信息。因此，无论在信息获取的速度还是数量上看，机构投资者都具有绝对优势——散户的信息来源表现为有限性和不均衡性，机构投资者的信息来源则表现为多样性和全面性。

同时，受专业知识等因素的制约，散户对于信息的解读相比机构投资者更简单和单一，往往缺乏专业性和完整性。即使是相同的信息，在散户和机构投资者眼中，也可能代表了不同的含义。

在资金管理能力上，机构投资者通常具有较完备的风险管理制度和损益管理制度，从而能够驾驭和管理大量资金。而散户则往往较为随意，不能形成明确的操作规则。即使自己给自己订立一些规则，也经常由于各种原因，不能得到执行。

在交易过程中，机构投资者因其在资金上的优势，可在一定程度上影响个股的价格和走势，甚至影响热点的转化。而绝大多数散户，则只能是机构投资者市场影响力的追随者。因此，散户的交易行为往往更容易受到短期行情影响。也因为市场影响力的存在，机构交易者想要实现交易意图，往往需要更长的缓冲时间，而散户则可以快速完成交易。

另一个影响交易决策速度的因素则在于，机构投资者的决策往往需遵循一定流程，一些重大决策甚至需要多人、多道的确认；而散户往往可凭一己好恶，快速作出决策。

这两者之间的各种区别，最终累积成为散户和机构投资者在收益/风险比上的差异。上海交通大学一项名为《机构投资者和个人投资者的收益风险比较》的研究显示，使用平均加权收益率和累积收益率方法统计均可得出，机构投资者的收益大于个人投资者的收益，也大于大盘的整体收益；而不同地区的机构投资者和个人投资者之间存在着类似关系；在股市的不同阶段，机构投资者和个人投资者存在着收益和风险的不对称性。

这当然也是可以理解的——如果机构投资者连散户都比不上，那么投资机构又有何存在的必要？反过来说，也正是因为机构投资者依托自身的成本、资源与专业能力，能够获得比散户更高的收益，才使成熟股市的机构化成为显著的趋势。

2020年初，"新冠病毒"疫情对股市带来冲击，而在节后开市之时，股市出现了显著的震荡。在这次震荡中，有人因此获利，也有人赔钱收场。事实上，这是观察机构投资者与散户表现区别的好机会。

虽然人人都会复述巴菲特的那句"面对恐惧时要贪婪，面对贪婪时要恐惧"，可真的事到临头，绝大部分散户的表现，都是"面对恐惧时慌不择路，面对贪婪时忘乎所以"。在2020年春节开市之前，疫情令90%以上的散户陷入恐惧，纷纷做好了一开市便抛出的打算；而与之相比，大部分机构，尤其是私募基金却纷纷表示，这轮行情可谓"天予不取，反受其咎"——老天爷给的机会，不入场就是犯罪。

这两种不同的心态，带来的也是不同的结局。开市之后，大批散户割肉逃生，先亏一笔，接着在股市反弹时又心急慌忙再度入场；而机构投资者则基本持续持有绩优股。

再回头看看当年，上证指数从3500点跌落到2450点时，散户们都在清仓割肉；而2015年上证指数4800点，在部分机构投资者已经纷纷发出预警之时，还有许多散户疯狂地卖房炒股加杠杆，拼命地往股市里冲。后来发生的事情，我们都已知晓。

大多数散户的思维理性程度要低于机构投资者，往往因风吹草动而快速行动。这种缺乏理性的做法，使他们往往选择在行情低落时退场，而在行情高涨时跑步进场。但事实上，投资是一项具有前瞻性的工作，理性的机构投资者往往在入场和离场的时机选择上，都会比散户"早一点"。这一点，便是赚钱与亏钱、大赚与小赚的区别。也因此，机构投资者事实上也扮演了"股市稳定器"的角色——大跌时，秉持价值投资理念的机构往往不会慌乱抛出；而大涨时，机构则会更加注意风险，获利一旦达到预期便果断撤出，而非贪利恋战。

在这些有形的差异之外，散户与机构投资者往往还有着无形的差异，就是对投资天生的敏感性。这种差异，既会影响投资知识的获取、投资决断的作出，也会从更深远的意义上影响一个人的投资习惯乃至职业选择。事实上，有许多投资机构中的优秀投资经理，正是因为天性中对投资的热爱，才会踏上这条道路。

回想自己的校园时代，因为母亲曾经任职财务的关系，我从小就对数字有着特殊的亲切感与敏感性，在大学时也选择了财会类的专业。当时，我和我的室友们感情很好，但有一件事情让我意识到，我和她们似乎不太一样。

那是大一时的一天，我听说有一位同学院的师兄向家人借了三万元炒股，在短短时间里赚到了十几万元。对于我这么一个刚刚走入大学校园的新生来说，短期内能赚到十几万元，这是个庞大的数字。我心里只有一个念头：我也想成为这位师兄一样的成功者。

但当我把这件事与室友们分享的时候，她们却反应平淡，有的觉得炒股风险太大，有的对股市不感兴趣。事实上，她们也都是学习成绩优秀的好学生，但她们都更乐意扎实学习财会知识，未来到国企、银行系统去做稳定的财务工作。

人各有志，不可强求。并不是说她们的职业选择比我更好或更差，而是我们在投资的敏感性上先天便有差异，在大学期间，我就一直将"用正确的方法，赚正确的钱"作为自己的目标，并且在大三时就通过承包电影院等创业手段，赚到了数倍于当时普通白领工资的报酬。

也正是因为这种对投资天生的热爱与敏感，让我最终走上了成为专业投资者的道路。这些年来，在我的投资实践中，我逐步总结出了专业操盘手，尤其是绝对收益专业操盘手所需具备的天赋与素质：

一、严格自律，管理情绪：人都有情绪波动，优秀操盘手在意识到自己的情绪不稳时不会作任何决策，而是始终保持"不以物喜，不以己悲"的心态，放平心态，不和市场较劲。

二、专注求胜，不言其他：优秀操盘手将投资本身看作最大的兴趣，并且渴望获胜。

三、坚定前行，百折不挠：即使遭遇压力、批评和短期的业绩失利，优秀的操盘手也不会轻易放弃自己经过深思熟虑的投资逻辑。

四、执行果断，出手坚决：优秀的操盘手一旦作出了决策，便会立刻执行，而不会再像普通投资者那样瞻前顾后。这种果断建立在操盘手对市场的全面观察和理解上，这让他们能够在众人恐惧时贪婪，在众人贪婪时恐惧。

五、心态开放，自我碰撞：优秀的操盘手会始终反省自己的成败，敢于面对错误，并及时纠正。他们拥有开放的心态，愿意接受不同见解在自己脑海中的碰撞。

这几条总结时刻令我保持警惕——散户和机构投资者虽然差别巨大，但机构投资者的操盘决策，仍然是由人决定的。只要有人的地方，就有人性，人性的脆弱之处也必然会体现在机构投资者身上。因此，绝不能想当然地认为机构投资者便是算无遗策、战无不胜的"铁血部队"，他们同样会遭受贪婪、恐惧的心性折磨。只有真正从心性上进行磨炼，意识到风控的重要性，才能在投资市场上长期立足。

第四章

风控，「国家队」经历带来的宝贵财富

在很长的一段时间里，我曾经供职于一家大型国有保险公司的资产管理有限公司养老金机构部和养老投资中心，从事投资工作，可以称得上是在投资领域的"国家队"里接受历练。在那里，身边的领导们和同事们都很优秀，综合素质高。俗话说"近朱者赤、近墨者黑"，从他们身上我自然也吸收到了许多优秀的能量。

得到这份工作并不容易。尽管我当时已经有了在某大型实业集团担任副董事长的经历，但在应聘之时仍颇感惴惴——第一轮笔试结束的时候，我向负责笔试的一位人力资源经理打听了一下其他应聘者的情况，她报出的几位人名让我瞬间沉默：这几个名字在行业内说得上耳熟能详，都有着很强的实力。我甚至冒出一个念头：我是来陪考的吗？

好在，"陪考"了五轮笔试、面试，我依然没有被刷下来。最终，我从1500多名应聘者中胜出，进入了这支"国家队"，我也就此成为中国首批绝对收益投资经理中的一员。

在"国家队"的经历，深刻地影响了我的投资风格与思路。而其中最大的收获，便是让我意识到了合规与风控的重要性。

当时，我的领导们每次在开会时都会告诫我们：所谓的"财富增值"，首先是要建立在资本金安全的基础上，需要投资经理们用正能量的心去对待每笔资金的使用，用专注的心发挥自己做投资的专业能力。

事实上，早在两千多年前，鬼谷子便在自己的著作中用整整一章的篇幅告诉我们，大到治国理政，小到与人交往，控制风险、防微杜渐都是不可或缺的。这便是《鬼谷子·抵巇》的内容。

所谓"抵巇"，就是要发现事物刚刚萌发的裂纹缝隙，并通过不同方式的"抵"，让缝隙停止扩大、缩小闭塞，乃至最终消失。

鬼谷子言："经起秋毫之末，挥之于太山之本。"也就是说，事物的崩溃最初往往起于不起眼的微小缝隙，而一旦不加处理任其发展，最终裂缝便可能像泰山一样巨大。而要做到对微小缝隙的察觉，"圣人"便要"通达计谋，以识细微"。

我们都是凡人，很难达成生而知之的"圣人"境界。但通过防微杜渐，提前做好风控措施，我们便能让缝隙无法出现，或是一旦出现便被发现、处理。投资本质就是以风险换取收益的行为，绝对的零风险是不存在的，因此科学适用的风险管理措施可谓极端重要。

有一则寓言是这么说的：在树下，狐狸见到野猪对着树干磨尖自己的牙。狐狸问："现在既没有猎人，也没有猎狗，你为什么不躺下休息享乐呢？"

野猪说："如果猎人和猎狗已经出现，再磨牙就来不及啦！"

说句实话，作为一个操盘手，也作为畅力资产的掌舵人，我对我的风控总监、合规总监是"又爱又恨"——虽说我才是公司的首席执行官，但他们总是对我"管头管脚"，他们的地位甚至"凌驾"于我的工作之上。他们既是监督我执行和履行职责的"警察"，也是我的得力助手。我们一起争论过、一起探讨过，可以说是"相爱相杀"，相辅相成。我深知，正是因为合规总监与风控总监的存在，我才能够在安全的前提下，搏杀市场，取得成功。没有合规与风控的投资，就像是不穿防火服就冲进火场，固然身形灵活了许多，但烈火一来，便会化为灰烬。

在行业摸爬滚打的时间越久，对于市场和风险，我便更为敬畏——尤其是在看到了许多高楼一夜间坍塌之后。资产管理行业的不同细分，其实是对风险偏好的细分。例如，以前我在养老金管理行业管理的都是养老基金，包括国家养老保障体系第一支柱基本养老保险的资金，养老金是老百姓的养命钱，所以养老金投资的风险偏好需要比较保守，资产主要以中高评级的债券为主，通过固定收益投资保证绝对收益，再通过一部分权益市场的投资博取相对收益。而后来我从事的阳光私募基金行业，管理的资产来自有一定风险承受能力的投资者，风险偏好相对激进，他们要求在合理的风险暴露下，博取更高的收益，资金就需要更多投资到权益市场，特别是权益的二级市场。对不同资金属性的基金的管理经验，使我高度关注客户的风险偏好，并根据风险偏好制定组合的投资政策。

我国的阳光私募基金正在发展中，管理体制和监管模式都尚待探索。事实上，有完整建制的私募基金并不多，不少私募基金的架构简陋，操作随意，风控更是无从谈起。在市场走旺时，这还不是致命的，但在2015年6月底股灾1.0到来时，就有一大批缺乏风险意识、没有建立完善风控体系的私募基金管理人应声倒下。

记得2015年6月底，大盘遭遇"千股跌停"。当时，深圳一家百亿级规模的著名私募基金公司，由于内部风控机制丧失，导致七十多只股票多头的结构化基金产品全部爆仓。由于触及平仓线被迫清盘，这家机构持有的股票发生连锁反应，在清盘时导致股价连续跌停，客户损失惨重，并涉及其他持有相同股票的其他机构产品也爆仓清盘，形成股价一路下滑、无处避险的连锁反应。最终，由于风控机制的欠缺，这家知名的私募基金公司就此清盘，销声匿迹。

而缺乏风险管理意识的散户们，失去的或许更多。2014年底，一位"牛散"以5000万元的自有资金撬动十倍杠杆入市，到2015年6月时账面已经增值到了20亿元。可以说，如果在此时收手，这位"牛散"将赚得盆满钵满。

然而，由于盲目相信"股市能到10000点"，对于账户操作缺乏风险控制的意识，这位"牛散"继续融资加杠杆，把盈利目标设定在了"这波赚它100亿元"。结果，2015年的股灾1.0一致，这位"牛散"几乎毫无招架之力，20亿元在"千股跌停"中很快亏完，账户清盘时还倒欠了融资机构8000万元。最终，这位曾经已经摸到20亿元收益的富豪，选择了跳楼轻生。

这些小故事警醒我们，在没有风控措施的加持之下，哪怕是资金、操作都堪称"大牛"的散户，面对波诡云谲的市场，仍然是盲人瞎马。这个故事也足以证明一句话：钱是赚不完的，但是能亏完。

在"国家队"时，我便在严格完善的投资体系下工作，投资风险涵盖两个部分的内容：投资合规和投资风险管理。投资合规是客观的、是刚性的、是不能触碰的底线，投资的合规更像科学是严谨的；投资风险管理是通过对情景分析、风险压力测试等风险管理工具对市场情况的分析和判断，需要丰富的经验，很多判断是主观的，所以投资风险管理是科学和艺术的结合体。投资风险采取事前风控、事中风控、事后风控的综合模式管控风险。事前风险控制主要是指通过股票池管理、股票仓位控制、投资限制等回避风险的一种措施；事中风险控制是指投资指令是否能够有效执行的过程，这主要依赖于投资决策者和模型；而事后风险控制主要是指对前面两个环节的总结和修正。通常，人们等到危机爆发了才意识到风控的重要性。但在我看来，事后控制不如事中控制，事中控制不如事前控制。

但事前控制并不容易，尤其是在需要实现收益与风险的平衡时。当时，我所在的部门共有5个团队，管理总计580个养老金账户，每个账户的投资条款都不相同，需要投资操盘人员熟记。举个例子，为了满足养老金待遇支付的需求，监管要求保留一定比例的流动性资产（一般为5%）。但如果配置现金存款，账户的收益又会因此下降。因此，投资经理就需要找到既能满足流动性需求，又不至于影响收益的资产。这时候，是以收益为导向还是以风控为导向，往往从细节方面决定了基金投资机构的命运。

其实，风控理论对于任何一家机构都不陌生，所谓的"风险控制体系"，也几乎是每家私募基金的标配。但是，在实际操作中，风控体系的效果则不一，既有长期稳健前行的公司，也有不少公司因为爆仓崩盘黯然离场。都是一本经，为什么有人念得好，有人就不行呢？在我看来，有以下几方面的原因。

其一，是"人"的因素。投研团队，人是核心，一个强大的投研团队能通过精选股票和构建股票池，先期把事前风险发生的概率控制到最低。

其二，是投资组合的配置。一个合规的、优质的投资组合，有利于对冲潜在风险，降低波动率。

其三，是投资经理的决策。作为公司的灵魂，投资风格直接影响投资策略，进而影响投资业绩与风险。

其四，是指令是否能得到执行。投资指令从下达到执行之间的准确性、有效性，是依赖于风控人员和投资经理的，人为因素占主要比重。只要有"人"的地方，就可能存在失误和风险，因此在风控上专业成熟的机构往往会通过机器执行交易指令。例如，我在"国家队"做投资时，就建立起了交易模型，人则主要起监控的作用。

其五，是事后的复盘和修正。是否能够在每次决策的成功和失败后进行复盘，坦诚面对与反思自身的错误，往往决定了未来投资的成败。

世界上没有一劳永逸、完美无缺的风控体系，就像没有"抵"一次就能永远完好，不再生"隙"的器物。鬼谷子说："或抵如此，或抵如彼；或抵反之，或抵覆之。五帝之政，抵而塞之；三王之事，抵而得之。""抵"的方法不尽相同，需根据具体情况来判断危险，弥合裂缝。这需要长期训练带来的经验。

在资产管理行业，针对不同类型公司、产品的细分，其实就是对风险偏好的细分。例如，我在"国家队"时，管理的都是养老基金，包括国家养老保障体系"第一支柱"基本养老保险的资金和"第二支柱"企业年金的资金。养老金是老百姓的养命钱，所以养老金投资的风险偏好需要比较保守，资产主要以中高评级的债券为主，通过固定收益投资保证绝对收益，再通过一部分权益市场的投资博取相对收益。

而当下，我从事的阳光私募行业管理的资产来自有一定风险承受能力的投资者，风险偏好相对激进，他们要求在合理的风险暴露下，博取更高的收益。因此，投资机构就需要将更多资金投入权益市场，特别是权益的二级市场。

对不同资金属性的基金管理经验，使我高度关注客户的风险偏好，并根据风险偏好制定组合的投资政策——在"国家队"的操盘经历，为我和我的团队成员带来了严格的风控理念。而成立畅力资产后，我和我的团队成员经历过"千股跌停"、熔断、股灾3.0、股灾4.0等不计其数的市场波动，逐渐总结出属于畅力资产的一些风控经验。

在投资理念上，根据不同客户承受不同的风险能力，畅力资产以"固收+"的类保本投资策略为核心，即以纯固收配合权益、期权等品种，在力求客户本金安全的前提下，根据客户所需的收益水平配置各类资产。

在合规与风控方面，我们采纳了相对严格的机制：

一、依托机制的风控：通过设立新基金的封闭期，为净值增长提供一定的安稳运作周期，使基金初期的净值增长更有保证，也为未来进一步操作留下空间，从而帮助投资者增长净值，减少回撤。

二、面向目标的风控：为不同投资者准备不同风险/收益比的产品，从而对应投资者的需求。一旦匹配后，便坚持每一种产品的投资目标，以实现投资目标为终极目的，而非一意贪利或避险。

三、基于配置的风控：长期投资、分散投资、价值投资和理性投资是投资获得长期稳健收益的不二法门。因此，我们一方面根据投资者需求，提供不同类型的产品进行配置，另一方面也在单个产品运作中采取"固收+"战略，为产品配置权益、固收、期权等标的，从而遵从"不把鸡蛋放在同一个篮子里"的通识。

四、基于周期的风控：经济周期、市场周期是客观存在的。因此，在管理基金产品过程中，也需关注周期带来的变化。例如，债券型与货币政策调整有一定的关系；股票与经济周期密不可分；QDII基金需要考虑投资国经济，尤其是汇率波动；分级基金产品需要把握基金产品的净值与价格波动价差；等等。

有客户也曾经问我："为什么非得执行这么严格的风控体系？很多公司风控并不那么严格，也活得好好的，还赚得更多。"

我这样回答他："你走过大桥吗？"

"走过。"

"桥上有栏杆吗？"

"有。"

"你过桥的时候扶栏杆吗？"

"不扶。"

"那么，栏杆对你来说就没用了？"

"那当然有用了，没有栏杆护着，掉下去了怎么办？"

"可是你并没有扶栏杆啊？"

"……可是……可是没有栏杆，我会害怕！"

其实，风控就是桥上的栏杆。无论对个人投资者还是机构投资者，只有拥有风控的保障，交易才会更踏实、更安全。

《鬼谷子·抵巇》

物有自然，事有合离。有近而不可见，有远而可知。近而不可见者，不察其辞也；远而可知者，反往以验来也。

巇者，罅也。罅者，涧也。涧者，成大隙也。巇始有朕，可抵而塞，可抵而却，可抵而息，可抵而匿，可抵而得，此谓抵巇之理也。事之危也，圣人知之，独保其用。因化说事，通达计谋，以识细微。经起秋毫之末，挥之于太山之本。

其施外，兆萌牙蘖之谋，皆由抵巇。抵巇之隙，为道术用。天下纷错，上无明主，公侯无道德，则小人谗贼，贤人不用，圣人窜匿，贪利诈伪者作，君臣相惑，土崩瓦解而相伐射，父子离散，乖乱反目，是谓萌牙巇罅。圣人见萌牙巇罅，则抵之以法：世可以治，则抵而塞之；不可治，则抵而得之。或抵如此，或抵如彼；或抵反之，或抵覆之。五帝之政，抵而塞之；三王之事，抵而得之。诸侯相抵，不可胜数。当此之时，能抵为右。

自天地之合离终始，必有巇隙，不可不察也。察之以捭阖，能用此道，圣人也。圣人者，天地之使也。世无可抵，则深隐而待时；时有可抵，则为之谋。可以上合，可以检下。能因能循，为天地守神。

🌀 **释义：**

月有阴晴圆缺，人有悲欢离合，世间万物都有自身的发展规律。近处的东西，看多了，审美疲劳，视而不见。要成大事者，必须跳出惯性思维，从身边细微处观察，既要有短期目标，也要有长远梦想。勿以恶小而为之，勿以善小而不为，从身边小事做起，慢慢累积，不积跬步无以至千里。

《周易》言："君子藏器于身，待时而动；天下有道则见，无道则隐。"凡成大事者，必善于敏锐察知，从细微之处辨别事物发展方向。俗话说"千里之堤溃于蚁穴"，聪明的人能预测危机，在危机刚刚出现的时候，就立即采取措施，防患于未然。所以做任何事前都要有详细的规划，正如常人所说"凡事预则立，不预则废"。在现实商业活动中，仔细观察形势，当出现不利于对方的危机之后，就要抓住对方的弱点，乘胜追击，赢得先机。同时，自身方面也要加强建设，自我检查，防微杜渐，使对方无可乘之机。

圣人之所以能运筹帷幄之中决胜千里之外，就是因为掌握了抵巇之道。这才是解决问题的根本方法。乱世之中，如君主无德，小人得势，贤人无路，大堂之上尔虞我诈，那这个国家离亡国也不远了。当圣人观察到细微的变化，就会有抵巇的方法来解决问题；当问题不是很严重的时候，可以用抵巇进行改善；当矛盾到了不可调和的时候，就用抵巇的方法彻底改造。根据事情发展的不同阶段，采取不同的手段，或者改善，使其进入正轨；或者彻底改革，新事物取代之。古往今来，各种例子数不胜数。当局势混乱时，能及时采取抵巇措施的才是值得大家推崇的人。

自古以来，合久必分，分久必合，一切皆是自然规律，其中必有缝隙，其间的变化不能不去察觉。如果能用捭阖之道去处理事务的人，必有很高的个人修养和领导魅力，必成圣人。当时机不成熟的时候，圣人则隐居民间，等待机会；当时机成熟，可以用抵巇解决问题的时候，就会挺身而出。出谋划策，化干戈为玉帛，上解君主之忧，下化百姓之苦。尊重万物客观发展规律的人，即视为天地守护神。

第五章

忏合术，认清投资本质

无论是固收类还是权益类的投资经理，几乎都经历过阶段性的套牢盘。从2008年的股灾到2011年的"股债双杀"、2015年的"千股跌停"、2016年的熔断、2017年的股灾3.0、2018年的股灾4.0……股灾一旦来临，所有的投资者都会思考，究竟什么点位才是出局的最佳时机？

作为《鬼谷子》中的重要篇章，"忤合"强调的是谋略的灵活性。鬼谷子认为，"世无常贵，事无常师"——世间万物没有永远高贵的，行事之道也不能始终不变。利用"忤合"之术，能够帮助我们解读局势，从而降低解套成本，或在合适的时机止盈或止损。

由于市场的多变性，很难有人作出"在任何时候都有效的决策"，一项决策的作出，往往是"顾此失彼"的——选择了加杠杆买入的牛市策略，就要承担被一波熊市暴揍的风险；选择了稳守缓行的策略，又可能对着飙高的行情望尘莫及。这就是"忤合"的实质——"计谋不两忠，必有反忤"。如陶弘景所注，"故将合于此，必忤于彼"，就是说满足一方的策略，往往会违背另一方的利益。而奥秘就在于如何判断双方的势力与价值。如鬼谷子所言，"凡趋合倍反，计有适合。化转环属，各有形势。反覆相求，因事为制"，就是指事物间运转如环，各有形势，要反复探求，根据具体情况制定措施。"立身、御世、施教、扬声、明名"，都需要"因事物之会，观天时之宜"，也就是因循事物发展的机遇，天时的变化和趋势。

世事纷杂，市场也在不断发展变化，导致股价不断变动，正所谓"世无常贵，事无常师"。例如2020年2月24日晚间，由于"新冠病毒"疫情向全球蔓延，欧洲股市开盘后跌得一塌糊涂，整个资本市场恐慌情绪爆发，作为避险资金的黄金大涨2%，逼近历史高点。在全球股市一片恐慌声中，甚至有股评家在当天半开玩笑地说："明天开盘，估计中国A股是唯一翻红的板块。"

在这种情绪噪声中，保持冷静并不容易。有位段子手曾经调侃说，从炒作到崩盘会有四个阶段：

第一阶段，散户大骂基金、游资瞎炒；

第二阶段，基金、游资内部互相指责同行瞎炒；

第三阶段，基金、游资红了眼往里冲，导致散户开始瞎炒；

第四阶段，大家都觉得除了自己之外，其他人都在瞎炒。

虽说是调侃，但也未必没有道理。哪怕是机构投资者，如果不能看清形势，也可能陷入混乱之中。

第二天的形势便是如此。一开盘，创业板低开跌了5%，让"中国A股是唯一翻红的板块"的预测落了空。而就在人心惶惶的时候，指数却又慢悠悠地往上走，最终收盘时还涨了1.03%。这便是投资的"难以两全性"：第一时间逃离的人，既然选择了出局以避风险，便只能望着最后的涨幅兴叹了。

"忤合"之术，并不是"万全之策"。恰恰相反，它是在承认"世间没有两全法"的前提下，通过对大背景的深入理解，和对自身专长、弱点的充分了解，从而寻找到适合当下的决策。所以，"忤合"之术对人使用时，通常是"用于不如己者"，从而做到纵横捭阖，进退自如；而用于市场时，就需要投资者首先判明自己所处的市场环境。

例如，在牛市中，最赚钱的策略是通过结构化产品，让资金依托杠杆的力量快速增值。在这种情况下，即使所持股票短暂回调，也可以暂不理会，继续坚定持有。2015年5月，我和一位配资规模达到260亿元的高人一起喝茶交流，他向我透露了一些私募基金采取配资策略的稳固盈利模式，我也由此了解到，配资策略盈利模式并不复杂，但尤其需要注重风控，一旦牛市不再，配资策略很容易突然崩盘。同时，配资策略还面临较大的监管风险。

而在熊市中，固收类产品或货币相关的产品由于较强的防御性往往更受欢迎。但在某些情况下，熊市也未必就是固收产品的好机会。例如2016年的"股债双杀"，经历了股市熔断大跌之后，不少资金把固收产品看作"救命稻草"，然而债市也在11月大幅调整，不少基金前期收益归零，甚至出现亏损。同时，由于年末流动性紧张，货币基金被大量赎回，甚至出现爆仓传闻。因此，简单的"熊市配置货币基金"策略未必就是最好的，规避风险需要更多品种的综合配置。

而在震荡市中，量化投资是较好的策略之一，频繁的交易、较小的回撤受到许多投资者的青睐。记得在2017年底，我曾经拜访过一支在资管行业连续三年排名第一的量化投资团队。那段时间，我经常会在交易日收盘的下午，与同事一起去券商的这家资管团队进行交流，各自分享我们的投资逻辑、市场观点和研究体系。

这支团队的总经理是一位富有拼搏精神的"80后"。通过他的操盘笔记，我们认识到了许多量化投资策略的应用场景。例如，量化投资策略可以将一百亿元的总量资金按照一百只股票进行配置，设置好操作程序后自动运转，高抛低吸，频繁交易，即使是在偏熊市震荡市中，也能够腾挪出一定的盈利空间。当然，量化策略也有自己的命门：一方面，在牛市中盈利能力不如单一多头或者配资的基金产品；另一方面，如果真的遇到"千股跌停"这样熊市中的系统性杀跌，量化策略也将受伤。只有在震荡市中，波动率小、净值回撤少的量化策略，才能真正发挥优势。

这些年来，我见到过很多种投资策略，也见识过2015年的牛市、2015年下半年的熊市、2016年的熔断、两融爆仓等种种极端事件。最终，我得出结论：任何一种单边策略只在短期有效，长期资金要取得长效盈利，仍然需要综合性的资产配置策略，才能够在遇到极端情况时"左右逢源"。

这与"忤合"之术并不相悖：所谓"忤合"，既然是要在两种可能性中作出抉择，就必须事先做好两面甚至更多面的准备。因此，我开始考虑，当下一场风暴何时出现永远无法被准确预知时，应该怎么办？毕竟，风险可能来自意想不到之处，尤其是政策风险。

面对这种随时可能来临的风暴，采取任何单边策略都是危险的。无论是股票多头策略还是配资策略，一旦面临大熊市，就无法逃避被闷杀的结局。所以，我采取资产配置策略并进行升级，形成一种"固收+"的宏观对冲投资策略模式，并形成了长期稳健的投资风格。

所谓的"固收+"投资模式，就是一种类保本的资产配置策略。经历股灾之后，所有的客户都有着相似的期待：在牛市时想赌赢，在熊市时想保本。所以，资产配置策略也就很明确了：保值在先，择机增值。

根据客户的风险偏好，我们又制定了"固收+"产品的种类。针对风险偏好高、喜欢激进的客户，提供"固收+权益+期权"投资策略的产品；针对风险偏好中等、偏稳健型的客户，提供"固收+权益"投资策略的产品；针对风险厌恶型客户，则提供纯固收产品，由此满足不同客户对产品的不同需求。

这种切合客户实际需求的策略，是"忤合"之术的又一实际运用。鬼谷子认为，"忤合"之术"用之于天下，必量天下而与之；用之于国，必量国而与之；用之于家，必量家而与之；用之于身，必量身材能气势而与之"。也就是说，无论策略大小，都必须根据具体情况，确定实施。

当然，判断局势、选对是"忤"还是"合"，也并不一定每次都能成功。鬼谷子言，"故伊尹五就汤、五就桀，而不能有所明，然后合于汤；吕尚三就文王、三入殷朝，而不能有所明，然后合与文王"。也就是说，即使是古时的贤臣伊尹、姜子牙，也曾经在汤、桀、纣王这样的昏君之下为官，无法实现抱负；但最终，他们通过不断"忤合"，认清了天命所在，寻得了贤主。

投资也是一样。绝望的时候，往往也是最佳的入场时机；一两次的失败，不应动摇既定的理念。在对自身有所怀疑时，要做的首先是完善自己。如鬼谷子所言，"非至圣人达奥，不能御世；非劳心苦思，不能原事；不悉心见情，不能成名；材质不惠，不能用兵；忠实无真，无能知人"，只有自身境界高远、才华突出、待人真诚，才能治理天下、运筹帷幄、认清他人。所以，要运用"忤合"的办法，必须全面考察自己的才能和智慧，了解自身的优势和不足，提升自我，从而纵横捭阖，进退自如。

当然，运用"忤合"之术，并不是单纯地见风使舵，抛弃自己的风格和长处。人无完人，金无足赤，每个投资经理的时间和精力都是有限的，必然有自己的长处和短板。投资经理也是一样。有的投资经理对某几个行业研究特别深入，对这些行业的盈利模式、企业质地、环境变化如数家珍，但对其他行业的认知就相对较少；有的投资经理涉猎极为广泛，但对行业深处的知识则未必认知清晰。因此，在运用"忤合"之术时，也需要结合自身的资源禀赋。

如果遇上适合自己的市场形势，可以果断"合"，也就是顺应局势主动出击；如果遇上自己不擅长的市场形势，则不一定要强行为了"合"局势的潮流，而"忤"了自己的心性。

几年前的一天，我收盘之后去陈光明的办公室闲聊。当时他是东方资管的董事长，因为连年的业绩优秀，已经成为行业里炙手可热的明星操盘手，他管理的产品几乎每次都是刚一推出就被"秒杀"。

但和陈光明有过接触的人都会感觉到，他本人并不是一个耀眼夺目、气场强大的人。相反，他看上去就像是一位邻家大哥，说话做事都特别低调、毫无距离感。他的办公室也不像那些光鲜亮丽的商界精英那样打理得整整齐齐，而是稍显凌乱，显示出主人的心力全都用在了投资上。

那个下午，我们聊了许多，从"千股跌停"的惊险，到熔断时的个人判断，再到投资业绩、投资风格。陈光明的投资风格一向以优质上市公司为主，在优质上市公司的业绩风起云涌时，他的业绩便水涨船高；而市场处于高估状态的时候，他以稳为主，较好地控制回撤。从我的角度看来，他的投资风格属于"长期饭票"——能够常年提供稳定的收益，但并不追求"赚大钱"。而我所见过的那些喜好"赚大钱"的投资经理，则往往性情张扬、谈笑有声。可见，风格即性格，一个人的"忤合"方向，往往早就体现在性格中了。

彼时，我刚离开"国家队"成立自己的私募公司，由于在"国家队"时的业绩并不会在公众场合与我的名字相关联，因此尽管我的投资业绩一直不错，但在行业里声名不显。在交谈中，我的投资逻辑、投资业绩与回撤控制方法得到了他的认可，但他也只是淡淡勉励了我一句："你坚持做下去，以你的能力，会成功的。"

后来我得知，当我第一次在某家券商发产品时，因为此前声名和业绩并不为人所知，券商的老总对是否要销售我的产品心怀疑虑。这时候，陈光明对他说了一句话："她未来会是私募界的大佬，你应该卖她的产品。"这件事，直至今日依然令我心怀感激。

《鬼谷子·忤合》

凡趋合倍反，计有适合。化转环属，各有形势。反覆相求，因事为制。是以圣人居天地之间，立身、御世、施教、扬声、明名也；必因事物之会，观天时之宜，因知所多所少，以此先知之，与之转化。

世无常贵，事无常师。圣人常为，无不为；所听，无不听。成于事而合于计谋，与之为主。合于彼而离于此，计谋不两忠，必有反忤。反于是，忤于彼；忤于此，反于彼，其术也。用之于天下，必量天下而与之；用之于国，必量国而与之；用之于家，必量家而与之；用之于身，必量身材能气势而与之。大小进退，其用一也。必先谋虑计定，而后行之以飞箝之术。

古之善背向者，乃协四海，包诸侯，忤合之地而化转之，然后求合。故伊尹五就汤、五就桀，而不能所明，然后合于汤。吕尚三就文王、三入殷，而不能有所明，然后合于文王。此知天命之箝，故归之不疑也。

非至圣达奥，不能御世；非劳心苦思，不能原事；不悉心见情，不能成名；材质不惠，不能用兵；忠实无真，不能知人。故忤合之道，己必自度材能知睿，量长短远近孰不如，乃可以进，乃可以退，乃可以纵，乃可以横。

🌀 释义：

事情都有两面性，相辅相成，制定对策的时

候要对症下药。事物发展，都是交替上升，你中有我，我中有你，不同阶段有不一样的形势。根据事物的变化制定相应的对策。所以圣人立身处世，都是为了传道受业，名扬四海，千古留名。他们会根据事物的变化规律，选择合适的时机，扬长避短，依据忤合之术，事先预判，进而根据事物发展变化相应完成策略变化。

世事无常，要用发展的眼光看世界。圣人经常作为而无所不为，常听天下而无所不听。做成一件事情要制定与其相适应的策略和计谋，适合当下形势。面对复杂情况，没有完美的计策，很难同时兼顾。如果用忤合之术治国理家，必先理清当下世道具体情况而定。治大国如烹小鲜，用在治理国家，忠臣之家，个人之间，道理都一样，量体裁衣。忤合之术，不管用在什么范围，都要遵循一条基本原则：一定要事先深思熟虑制定好计策，然后再以飞箝之术说服对方，让其和自己思想一致，站在统一战线。

古代善于背向之人，都可以协同五湖四海之国，联合诸侯，驱置到忤合境地，然后想尽办法改变局势，到最后利用这种势力开创新的王朝历史。所以贤相伊尹五次臣服商汤，五次臣服夏桀，之后才决定一心臣服商汤王。姜太公吕尚三次臣服周文王，三次臣服殷纣王，可是他对殷纣王无法施展抱负获得显明，之后才决定一心臣服周文王。这是知道天命的归宿，所以伊尹和吕尚才没有疑虑犹豫地归顺商汤和周文王。在全方位看清局势之后，才选择向谁背谁，最终的决定也是可以说服自己内心的。

所以达不到圣人的境界，就不能治理天下；不沉下心来深思熟虑，就不能厘清事物的根本之道；在不清楚自己真实能力的情况下，就不要大肆宣扬；能力不够的时候，就不能够带兵打仗；如若忠厚愚实而缺乏真知灼见，就无法拥有识人之明。所以，忤合之术的精髓所在就是要清楚认识自身的优势和劣势，扬长避短，在有绝对的实力情况下，才能进退自如，纵横捭阖。

第六章

审时度势权衡利弊的揣摩术

鬼谷子先生分别用"揣篇"和"摩篇"反复阐述揣摩的方法与价值，可见揣摩的重要性。事实上，"揣摩"一词连用，最早就来自鬼谷子的弟子苏秦，并由此传承近两千年。直至今日，任何一个中学生都能说出"揣摩"的意思，小小一个词之间，便能见到中国传统智慧历经千年的绵长传承。

所谓揣情摩意，就是要通过各种细微的现象，寻找到潜藏在表象之下的真实。投资经理的脑容量，一大半都用于揣摩——揣摩当天成交量与收盘价走势的缘由，揣摩技术图形在下个交易日的走势，揣摩新闻联播传递的精神，揣摩天气预报中的暴雨、干旱或暴雪等自然天气对上市公司收入的影响，揣摩复杂的国际局势和各种矛盾……古话说"工夫在诗外"，投资经理的"工夫"，也往往耗费在收盘时间之后的大量揣摩上。

但揣摩必须讲道理，明章法，否则便容易陷入"懂得太少，想得太多"的境地。人生而有涯，而知也无涯。面对复杂的世界，每个人往往都在用揣摩填充自己无法看到、感知的部分。不得不说，每个人的揣摩，都在给自己画下一个怪圈——揣摩总是含蓄、隐晦、混沌的，总是似是而非模棱两可，因为没有标准，便很难在揣摩中得到澄明的心境。

但揣摩又是无可回避，不得不面对的。虽然，存在的本身是客观的，揣摩并不会改变它，但揣摩却会影响揣摩者自身的判断和心情，最终影响个人的行为与结果。

天赋极高的操盘手，口吐莲花的股评家，慷慨激昂的经济学家，意志坚定的实业家……即使是这些见地、资源、信息超出凡人的精英人士，都有可能因为过度揣摩而突破了自己的心理防线：大盘疯涨了，开始揣摩股市的前景；大盘暴跌了，又开始揣摩实体经济的发展；等等。

但事实上，真正能通过揣摩，判断出大势的永远是少数人。2020年初的"新冠病毒"疫情突如其来，对节后的股市造成影响。绝大部分人认为疫情之下，中国股市将连续疲软，然而节后第一天开市，上证指数暴跌被拉升，接着几个交易日连续上涨。揣摩对的，自然大喜过望，持仓获利；揣摩错的，则一脚踏空，捶胸顿足。

而就在有人欢呼赚钱的时候，疫情在全球扩散，导致全球的股票"抛售潮"，又令不少投资者哀鸿遍野。每个人的揣摩，最终汇成对大势的推动力，带来种种喜怒哀乐的情绪。然而，一轮涨跌过后，大家终究还会继续揣摩，继续企盼，继续玩这场"蛋生鸡、鸡生蛋"的游戏。

茫茫股海，深不可测。2020年初，上证指数回落到2800点短期徘徊。此刻，股评家说空方遇到巨大阻力；经济学家说国际金融危机开始触底回升；散户说这是千载难逢的发财机会，此时入市比什么都强；从历史来看，前几次2800点时，指数都有过快速反弹，造就了一大批富豪；等等。大家都在揣摩，也都有自己的逻辑：有跌就有升，大跌有大升，最终必然升。

但是，没有人能得到确凿的证据，也没有人掌握股市的涨跌阀门。每个人最终仍是根据自己的经验、见识与资源，在揣摩中共同炮制一场欲望的精神大戏。

与过度揣摩相比，洞悉人心有时候是一种更大的智慧。几年前，我曾听闻这样一个寓言。

在一座城市的西郊，有一间历史悠久的寺庙，其院墙已经斑驳，唯有大殿中佛像沧桑。

古庙的方丈是一位德高望重的老和尚。一天，这位老和尚下山时，偶然路过证券公司交易大厅，恰逢股市大跌，盘面一片惨绿，股民纷纷恐慌性抛盘，但是无人接盘，散户们手中股票一时难以出手。

老和尚看到了，心里很可怜，心想："我不下地狱，谁下地狱？"于是，他主动站出来，对散户们说："别担心，你手边的股票卖不出去，让我买吧。"拿出全部的资产买下了人们手中的股票。

老和尚回到寺里，念经修行，全然忘记了股票的事情。过了不久，就有上山来的香客们陆续告诉老和尚，说他所买的股票已经不再下跌了；又过了一些日子，香客们又对老和尚说，他买的股票已经开始回涨，几乎没有损失；再过了一些日子，香客们再告诉老和尚的消息变成买的股票已经开始赚钱了。

听到这些消息，老和尚总是问："哦，那些散户们怎样了？"得知已经有些散户开始买进股票，逐步建仓。老和尚微微点头说："哦，那就好。"

在后来的日子里，上山来的香客们不断带来股票持续上涨的好消息。听到之后，老和尚还是问："哦，那些散户们怎样了？"

得知所有散户都在买进股票，老和尚说："啊，这样的了。"再后来，上山来的香客开始告诉老和尚，许多股票都涨停了，不少散户买不到好股票，担心错过发财的好机会，急得像热锅上的蚂蚁一般。

老和尚听了这话，又动了恻隐之心，让徒弟下山，把所有的股票都卖给那些想买的人。

最终，老和尚因解脱股民们急难的善行，获得了心中的平静。而与此同时，他的一买一卖，却也大大地赚了一笔。

对这笔飞来之财，老和尚平静地说，这是佛祖念及寺庙中的僧人及其信徒们多年来的虔诚之心，给出的回报。他并没有将这笔钱用于自身享受，而是将其用于帮助寺庙附近的贫苦百姓。

讲到这里，悲观者可能认为，揣摩终究只是主观的、隐晦的。与费心揣摩的散户相比，反倒是丝毫不想着赚钱的老和尚最终获利最丰。但事实上，谁又能说老和尚的行为，不是对人心、人性的一种自发性揣摩呢？

老和尚的故事也许只是一个寓言，而在现实生活中，尽管我们并不是全知全能的圣贤，仍能够通过自身的智慧，尽可能接近世界的真相。

《鬼谷子》云："古之善用天下者，必量天下之权，而揣诸侯之情。量权不审，不知强弱轻重之称；揣情不审，不知隐匿变化之动静。""量天下之权"与"揣诸侯之情"，运用于投资中，可以理解为把握宏观经济走势，与分析投资标的质地。在投资中，需要审时度势，权衡利害，才能把控经济的大势；需要准确分析，细致揣测，才能了解个股隐蔽、藏匿的信息，从而找出最优的策略。

　　"量天下之权"的工作，必须非常细致。鬼谷子云："何谓量权？曰：度于大小，谋于众寡；称货财有无之数，料人民多少、饶乏，有余不足几何？辨地形之险易，孰利孰害？谋虑孰长孰短？揆君臣之亲疏，孰贤孰不肖？与宾客之智慧，孰多孰少？观天时之祸福，孰吉孰凶？诸侯之交，孰用孰不用？百姓之心，去就变化，孰安孰危，孰好孰憎，反侧孰辩？能知此者，是谓量权。"

　　这段文字的意思是，在衡量一个国家的时候，国土大小、国民人数、经济状况、地理形势、人才储备、君臣相处、外交关系、民心向背等，都在考虑范畴之内。而在投资时，也需要对整个市场的政治经济周期、全球经济背景、行业发展前景、经济财务数据、新闻信息、突发事件等进行完整的情报收集与分析，才能够成为揣摩的良好基础。

　　"揣诸侯之情"，在投资中相当于分析投资标的的情况。这要求投资者深入地了解投资标的的具体情况。有时候，光靠外部可见的财务数据，是很难得出最终结论的，这就要求投资者，尤其是机构投资者勤于调查研究，通过实地调研、数据挖掘、行业访谈等方法，"揣"出投资标的的实情。

　　揣摩之术的一大要点，是要在隐秘中进行。如鬼谷子所言，"摩者，揣之术也。内符者，揣之主也。用之有道，其道必隐"。对于掌管大量资金的投资经理而言，一举一动都可能牵动市场，因此必须对投资标的根据市场心理价值揣摩，出现价值低估的品种后悄悄建仓，估测其真实价值后耐心持有。

揣摩的另一个要点，则是尽早地获得信息。鬼谷子言，"常有事于人，人莫能先，先事而生，此最难为。"人不是神，不能未卜先知，但要"先事而生"仍是有可能的，那就是比他人更早获取信息。就像是曾经流传的一个冷笑话："我不用跑得比熊快，只要跑得比你快。"

生于1777年的内森·罗斯柴尔德，可以说把揣摩之术用到了极致。作为德国罗斯柴尔德家族最为重要的成员之一，他在1815年完成的英国公债交易获利一百万英镑，一举奠定了世界首富家族——罗斯柴尔德家族的伟业，缔造了号称"第六帝国"的奇迹。

1814年拿破仑与欧洲联军对抗时，由于战局变化无常，英国的资本家都在观望。作为老罗斯柴尔德的第三子，内森早在1798年便只身赴英国开拓业务，积累了大量的经验与见识。到1814年时，不到40岁的他已经是伦敦著名的金融寡头。

在英国的银行家们纷纷观望不前时，内森已经做了许多的工作。1815年6月13日，煊赫一时的拿破仑在滑铁卢战役中意外败北，而身在伦敦的内森得知这一信息的时间甚至比英国政府还要早一天。

内森立刻开始抛售英国公债——对，你没有看错，他在市场上大张旗鼓抛售英国公债。这一举动令场内的交易者们疯狂跟随，做空英国公债，不惜成本、失去理智地卖出。在恐惧心理的催动下，人们纷纷作出了错误的决策，驱动英国公债大大贬值。而内森又看准时机，调动家族力量大批吃进。直到1817年下半年，英国公债水涨船高至4090英镑时，罗斯柴尔德家族才将公债出手，获利超过一百万英镑。

这次获利，除了罗斯柴尔德家族决策者的天才和策略，也来自他们对信息作出的准确判断。及时、准确的信息获取方面，远远领先其他交易对手，在这次决策中起到了至关重要的作用。

早在战前，罗斯柴尔德家族就非常具有远见地建立了自己的战略情报收集和快递系统，他们构建起数量庞大的秘密代理人网络，这个情报系统的效率、速度和准确度都达到令人叹为观止的程度，远远超过了任何官方信息的速度，其他商业竞争对手更是望尘莫及。

这次交易的成功之处，一是操盘手率先得到了拿破仑在滑铁卢战败的消息；二是其成功地隐藏了自己的揣摩与行为，令对手盘最终上了圈套。

当然，这只是揣摩之术的一种运用。鬼谷子言，揣摩的方式多种多样，"有以平，有以正，有以喜，有以怒，有以名，有以行，有以廉，有以信，有以利，有以卑"，需要根据实际情况使用，不可一概而论。

作为投资者，必须牢记的是，"揣摩"并非一成不变，揣摩的结果是动态的、变化的。

一方面，市场本身会发生变化，企业的经营状况未必始终如一，而股市的放大效应又会使不确定性进一步增加。今天认定估值20元的股票，很可能在未来远远高于或低于估值价格。估值与财务评估一样，讲究一个时点，不同时点下，同样的资产价值可能迥异，必须审时度势。

另一方面，市场的参与者并非都是理性的，对不理性的投资者很难作出预测。在投资实践中，我发现，如果将投资者分为上智、中才、下愚这"三仪"的话，那么三种人的比例差不多是10%、80%和10%。也就是说，最优秀和最差的投资者都是少数，绝大部分人都是"中才"。因此，在揣摩时，需要充分考虑"三仪"，不能一厢情愿地认为所有其他投资者都是聪明的或愚蠢的。

《鬼谷子·揣篇》

古之善用天下者，必量天下之权，而揣诸侯之情。量权不审，不知强弱轻重之称；揣情不审，不知隐匿变化之动静。

何谓量权？曰：度于大小，谋于众寡；称货财有无之数，料人民多少、饶乏，有余不足几何？辨地形之险易，孰利孰害？谋虑孰长孰短？揆君臣之亲疏，孰贤孰不肖？与宾客之智慧，孰多孰少？观天时之祸福，孰吉孰凶？诸侯之交，孰用孰不用？百姓之心，去就变化，孰安孰危，孰好孰憎，反侧孰辩？能知此者，是谓量权。

揣情者，必以其甚喜之时，往而极其欲也；其有欲也，不能隐其情。必以其甚惧之时，往而极其恶也；其有恶也，不能隐其情。情欲必出其变。感动而不知其变者，乃且错其人，勿与语，而更问其所亲，知其所安。夫情变于内者，形见于外，故常必以其见者而知其隐者，此所谓测深揣情。

故计国事者，则当审权量；说人主，则当审揣情。谋虑情欲，必出于此。乃可贵，乃可贱；乃可重，乃可轻；乃可利，乃可害；乃可成，乃可败，其数一也。故虽有先王之道、圣智之谋，非揣情隐匿，无所索之。此谋之大本也，而说之法也。常有事于人，人莫能先，先事而生，此最难为。故曰：揣情最难守司，言必时其谋虑。故观蜎飞蠕动，无不有利害，可以生事变。生事者，几之势也。此揣情饰言，成文章而后论之也。

💙 **释义：**

凡善于用人治理天下的人，必然会审时度势，衡量不同地区发展态势，揣摩各路诸侯的实际情况。如果揣摩不准确，就不能衡量相互之间的孰重孰轻和实力；如果不了解各路诸侯的实际情况，就不清楚各自隐藏的实情以及暗中的变化。

那什么是度量权衡得失呢？即揣摩大小，数量多少；看其国家财富有多少，人口数量多少，物资充裕和匮乏程度，区域地形情况，易守还是易攻，谋略是优是劣，君臣亲密程度，贤明还是愚蠢，君主和谁比较亲近、和谁比较疏远，宾客智谋多与少；观天象判断吉凶，各路诸侯，哪个是可以利用的，社稷百姓生活状态如何，民心所望如何。以上情况要全面掌握，才能运筹帷幄。

揣摩人的内心事情，就要在对方最高兴的时候前去见他，加以配合；欲望高涨时，实情就难以隐藏。也要在对方最恐惧的时候前去见他，引发愤怒；憎恶极致时，实情也难以隐瞒。情绪最激动的时候往往会表现出最真实的自我。对于那些仍然不动声色的人，就要暂时回避，不再交谈，去找他身边的人，弄清楚真实的原因。人们常说相由心生，内心的变化一般都会通过外在表情展现。所以，通过察言观色，善于观察细节，来了解一个人的真实内心，这就是所说的揣测内心的方法。

谋划国家大事者，一定要审时度势，权衡得失。游说人主的时候，也要会察言观色，揣摩对方内心的真实想法。探索对方的谋略、情欲，都要以此为出发点。在实际运用中，各种姿态和结果都有可能发生，背后的道理都是一致的。所以，即使你有先王的德行、圣人的智谋，但是不懂"揣情"之术，也不会有太大的收获。这也是以后制定谋略的根本，游说其他人的方法所在。对某些事情突然发生，人们不能事先预料，是因为提前预料是最难的。高明的谋略家总能在细微之处看出事物的变化，事情一旦来临，也会处事不惊，胸有成竹，应对自如。

《鬼谷子·摩篇》

摩者，揣之术也。内符者，揣之主也。用之有道，其道必隐。微摩之，以其所欲，测而探之，内符必应。其所应也，必有为之。故微而去之，是谓塞窌匿端，隐貌逃情，而人不知，故能成其事而无患。摩之在此，符应在彼，从而用之，事无不可。

古之善摩者，如操钩而临深渊，饵而投之，必得鱼焉。故曰：主事日成而人不知，主兵日胜而人不畏也。圣人谋之于阴，故曰神；成之于阳，故曰明。所谓主事日成者，积德也，而民安之，不知其所以利；积善也，而民道之，不知其所以然，而天下比之神明也。主兵日胜者，常战于不争、不费，而民不知所以服，不知所以畏，而天下比之神明。

其摩者，有以平，有以正，有以喜，有以怒，有以名，有以行，有以廉，有以信，有以利，有以卑。平者，静也。正者，宜也。喜者，悦也。怒者，动也。名者，发也。行者，成也。廉者，洁也。信者，期也。利者，求也。卑者，谄也。故圣人所以独用者，众人皆有之，然无成功者，其用之非也。

故谋莫难于周密，说莫难于悉听，事莫难于必成。此三者，唯圣人然后能任之。故谋必欲周密，必择其所与通者说也。故曰：或结而无隙也。夫事成必合于数，故曰：道数与时相偶者也。说听必合于情，故曰：情合者听。故物归类，抱薪趋火，燥

者先燃；平地注水，湿者先濡。此物类相应，于势
譬犹是也。此言内符之应外摩也如是，故曰：摩之
以其类，焉有不相应者？乃摩之以其欲，焉有不听
者？故曰独行之道。夫几者不晚，成而不抱，久而
化成。

🌀 释义：

摩是揣情的一种手段和方法。揣的对象是人
的内心变化。进行揣情的时候是有一定的规律可循
的，这些规律都很隐蔽。可以试探性地打探对方，
投其所好，进而了解对方内心的真实想法。对方一
旦有所表现，就会暴露内心。在揣摩之后，要适当
地远离对方，就像盖上井盖一样，消除痕迹，销声
匿迹，不要让别人识破自己，这样在成事之后也不
会留下后患。用这种试探的方法，可以让对方表现
出内心想法，然后再采取相应的行动。

此谓"姜太公钓鱼愿者上钩"，投下诱饵，
必有上钩者。所以善摩者每件事的成功都是在不
知察觉中进行。圣人高明之处就在于此，每次的
胜利都有不为人知的背后默默付出，所以被人称
为"神"；展现为看得见的所向披靡，被称为
"明"。所以，成大事和打胜仗者，都是在背后积

德行善，让利于民；但人们也不知道内情，所以把圣人比作"神明"。

在实施"摩"时，有各种各样的情形，其实每一个人都可以运用，但是并非每一个人都可以成功，不可因为没有分清形势而在不恰当的时候使用，要针对不同情况使用对应的策略。

设计谋略，难在考虑缜密、游说君主，难在取得信任、办大事，难在最后胜利。要完全解决这三种困难，那只有圣人能做到了。制定谋划必须考虑周密，选择和自己价值观一致的伙伴，这样才能相互毫无保留，保守秘密，事半功倍。凡事情能办成的，都是要从实际情况出发，实事求是。物以类聚人以群分，如果能和对方内心所需相匹配，就不会得不到正向回应，对方也会欣然接受，这才是圣贤之道。所以，凡事要认真观察，抓住机会，同时也不要安于现状，不再前进。如果能长期保持这种心态，那么事情都会变得更加得心应手。

第七章

自律与决断

在《鬼谷子》这本著作中，大部分章节都在教授谋士如何说服他人，赢得明主信任，而"符言"这一章节，讲述的却是君王要如何才能统御天下。

说的是帝王术，却是每一个人都应该学习与思考的话题——在每一个人的方寸之心中，自己就是自己的"王"。如何才能管理好自己？"符言"提出了一条非常有价值的建议：自律。

"符言"中说到，"用赏贵信，用刑贵正"。对于君王来说，手握天下权柄，本可以挥洒自如，任由心意决定赏罚。但优秀的帝王，一定要赏罚分明，有章有法。只有遵守章法，才能够让诚信布于天下，让人心归顺不二。

在管理自身的时候也是一样。人都有懒惰、爱好、欲望，但只有自律地、有章法地管理自己、管理投资，才能够取得真正的成功。

在残酷的投资市场上，我们看到过太多一地鸡毛、凄惨收场的残局。无论是牛市、熊市还是震荡市，因为受到市场局势、同行观点、行业分析的影响，总有人会失去自律之心，被贪欲、懒惰、情绪操控了头脑，作出了错误判断，陷入追悔莫及的境地。

还记得2015年的股灾中，我和一位优秀的知名投资经理最初作出了非常相似的判断，从而成功地逃脱了股灾1.0的"虐杀"。当时，我们还颇为自喜地进行过交流，都预测"这波股灾会持续相当长时间，一定要忍住"。

但之后，在"国家队"入场救市时，他实在心痒难耐，失去了自律之心，最后在未辨明方向、没踏准节奏时便重回股市。不久之后，他管理的私募基金产品就遭遇厄运，全部清盘。

此后，我们又通过几次电话，他不由追悔莫及："都是不自律导致的结果啊。"

有人可能会说：自律是对自身的束缚，会让人失去很多机会，做事束手束脚。但事实上，如康德所言："所谓自由不是随心所欲，而是自我主宰。"自律带来的自由，恰恰就是掌握自己生活的能力。

这种能力是需要训练的。刚开始做股票投资的散户往往都是盲从者，跟随市场波动进出股市，谈不上什么自律。只有逐渐让自己拥有特立独行的判断能力，能作出别人不敢作的决定，并默默地贯彻到底，才有机会真正成为投资市场中的成功者。

古人有许多训练自己自律心的故事。例如明代的大学士徐溥，自幼天资聪明，读书刻苦。少年时代的徐溥性格沉稳，举止老成，他在私塾读书时，从来都不苟言笑。私塾老师发现他常从口袋中掏出一个小本本看，以为是小孩子的玩物，等走近才发现，原来是他自己手抄的一本儒家经典语录，由此对他十分赞赏。

徐溥最有名的典故是"瓶中藏豆"：他在书桌上放了两个瓶子，分别放黑豆和黄豆。每当心中产生一个善念、说出一句善言，或是做了一件善事，便往瓶子中投一粒黄豆；相反，若是言行有什么过失，便投一粒黑豆。开始时，黑豆多，黄豆少，他就不断地深刻反省，并激励自己；渐渐黄豆和黑豆数量持平，他就再接再厉，更加严格地要求自己；久而久之，瓶中黄豆越积越多，相较之下黑豆显得微不足道。直到他后来为官，一直都保留着这一习惯。凭着这持久的约束和激励，他不断地修炼自我，完善自己的品德，后来终于成为德高望众的一代名臣。

徐溥对自己行为的高标准约束显示了他强烈的自律意识，即使是在个人独处时，也能自觉地严于律己，谨慎对待自己的一言一行。慎独是自律的最高境界，它能让一个人独立工作、无人监督的时候仍然能够不为外物所左右，而是丝毫不放松自我监督的力度，谨慎自觉地按照一贯的道德准则去规范自己的言行，一如既往地保持道德自觉。

对自律性格的培养，也是投资决策者必修的功课。例如，你看好的标的在基本面和投资逻辑没有变的状态下，突然跌得别人不敢投资，你是否仍有坚定买入的勇气？又比如，在大家都企盼更高价格来临时，你是否舍得在到达自身预期价格时果断卖出？

有了这样的自律，才能尽可能摒弃贪念，在价格达到接近最高价85%时抛出，在价格接近最低价15%时买入，便能保持获利。

在自律的基础上，决断的能力决定了投资者的成败。做投资的人，要有生于忧患，死于安乐的心态，在决断时刻到来时，要敢于作出正确的选择。有些投资者由于心智锻炼不足，刚上升的行情中不愿追价购买，而眼睁睁地看着股票的价格大涨特涨，到最后才又迷迷糊糊地追涨，结果被"套牢"，被"割韭菜"后叫苦不迭。在我和多位散户投资者交流时，都听过这样的故事：曾经看中某只大牛股，总想着跌下来之后再买，没想到那些股票总是不跌，眼睁睁看着它们一年翻了两三倍，最终追悔莫及。

保罗·格雷姆在他的《解析决断力》①一文中写道："成功最重要的因素是决断力，比起决断力，

---

① http://www.paulgraham.com/determination.html.

天赋的因素被严重高估了。决断力最简单的存在方式是单纯的意志力强，但仅仅意志力旺盛还不够，你还需要严格的自律。如果决断力是意志和自律的产物，则你通过自律训练能得到更高的决断力。"他由此认为，"决断力包含了意志与自律，两者互相平衡，为雄心所指引"。

以我个人的体验来看，在净值化管理的私募基金中做绝对收益投资，决断力是生存之本，正确地决断买和卖，都能将我们的风险和回撤控制在最小范围。

有些决断是容易作出的。鬼谷子云："不用费力而易成者，可则决之；用力犯勤苦，然不得已而为之者，可则决之；去患者，可则决之；从福者，可则决之。"

这些都是比较容易作出的决断：不费力又容易做到的事情，就去做；虽然需要劳心劳力，但必须做的事情，就去做；能够消除祸患的事情，就去做；能够带来福利的事情，就去做。就比如，见到低位的绩优股，或是遭遇极端市场行情时，投资者都能够相对简单地作出"买入"或"逃离"的决断。

但更多的时候，决断面临的局势往往并不那么简单。长期震荡，后面是涨还是跌？想要盈利但又不愿冒净值回撤的风险，怎么办？

鬼谷子云："故夫决情定疑，万事之机，以正乱治，决成败，难为者。故先王乃用蓍龟者，以自决也。"哪怕是古代的贤王，有时候也不得不拿出蓍草和龟甲占卜，听老天爷的意见。

而今天的我们，则需要训练将外部压力与自律心转化为自身的决断力。拥有良好的决断力，对于明确买卖方向、改变犹豫和拖延的习惯、消除内心的焦虑感和无力感等，都是很有好处的。

作为投资经理，我每天在资本市场中操作大额的资金，交易数据是每三秒一个价格，每分每厘都关乎着投资者对我的信任，稍有闪失就会损失大额财富。只有准确、快速地决断，向交易部下达交易指令，督促完成资金的配置，才能让客户资金保值、增值的概率进一步提高。在这样的压力下，我养成了果决、坚定的操作风格，因为我心里很清楚：工作任务是自己的，犹豫拖延越久，就越有可能错失良机，反而会让人心理压力增加，焦虑感充盈。还不如决断地下达交易指令，一蹴而就地完成。

其实，一个人综合素质的高低，也许包含很多项内容，但决断力绝对是其中重要的一项。决断力与我们的责任心、工作态度息息相关，一旦拥有了它，我们的内心会更加成熟、宁静、平和而有力量。

《鬼谷子·符言》

安徐正静，其被节无不肉，善与而不静；虚心平意，以待倾损。右主位。

目贵明，耳贵聪，心贵智。以天下之目视者，则无不见；以天下之耳听者，则无不闻；以天下之心虑者，则无不知。辐辏并进，则明不可塞。右主明。

德之术曰：勿坚而拒之，许之则防守，拒之则闭塞。高山仰之可极，深渊度之可测，神明之德术正静，其莫之极。右主德。

用赏贵信，用刑贵正。赏赐贵信，必验耳目之所闻见。其所不闻见者，莫不暗化矣。诚畅于天下神明，而况奸者干君？右主赏。

一曰天之，二曰地之，三曰人之；四方上下，左右前后，荧惑之处安在？右主问。

心为九窍之治，君为五官之长。为善者，君与之赏；为非者，君与之罚。君因其所以求，因与之，则不劳。圣人用之，故能赏之。因之循理，故能长久。右主因。

人主不可不周。人主不周，则群臣生乱。寂乎其无端也，内外不通，安知所开？开闭不善，不见原也。右主周。

一曰长目，二曰飞耳，三曰树明。明知千里之外、隐微之中，是谓洞。天下奸，莫不暗变更。右主参恭。

循名而为实，按实而定名。名实相生，反相为情。故曰：名当则生于实，实生于理，理生于名实之德，德生于和，和生于当。右主名。

🌀 **释义：**

君主位居上，行事要保持安详，稳重，正派，温和处事，胸有成竹。作为君主，心平气和，奖罚分明，善于分利部下，居安思危。即作为君主，要善待自己的位置。

作为君主，要善于观察，倾听，思考。要善于用天下人的眼为自己观察，就不会有什么看不见；善于用天下人的耳朵为自己去听，就不会有什么听不见；善于用天下人的心为自己思考，就不会有什么考虑不到。要有这样的思想，自己就不会被蒙蔽，此谓圣明的君主。

君主德行之道是，不要顽固不接受外界的建

议，要有海纳百川有容乃大的心胸。也不要随意地许诺别人，随意许诺有失君主职守，随意拒绝会故步自封。高山仰望可以看到山顶，潭水深邃可以测到水底，神明的高明之处，无人能及。上述即为君主德行之道。

奖赏时必事先说明，而且要言而有信，惩罚时，要做到公平公正。一定要公开，让所有人能看见、听见，即使不能亲眼所见，也能被这种奖罚分明、公开公正所信服。真诚可贵，无愧于心，自有神明保佑。此谓君主奖罚的准则。

正所谓"天时地利人和，缺一不可"，君主要问天问地问人，眼观六路，耳听八方，不耻下问，仔细查看有没有危险的迹象。此谓君主问之道。

心灵为九窍之首，君主为百官统帅。做好事者，就要奖赏，犯错误者，就要惩罚。君主要根据各自的成绩来奖罚分明，不能感情用事。这样，臣子们就会尽职尽责，效忠君主，替君主分忧解难，君主也不会那么劳累。君主要用这样的方法用人，遵循客观规律，才能有国家的长久治安。此谓君主遵规循理之道。

作为君主，说话、办事一定要考虑周全，如果欠缺考虑，群臣就会乱了阵脚。在混乱局面下很可能就会孤立君主，无法正常理国执政，从而消息不通，内部和外部情况不明。所以，君主要善于运用捭阖之道，拨开迷雾，弄清事情缘由。此谓君主周全之道。

作为君主，不但要有看得远的眼睛，而且要有听得远的耳朵，俗称"千里眼"和"顺风耳"，并且要有高于常人的智慧建树。君主要有明察秋毫的洞察力，即使千里之外的隐情，也能分辨。这样，即使是世上的奸邪势力，也会被君主的威严所震慑，也会暗自改变。此谓君主参悟隐微之道。

依照名分去考察实际，根据实际来确定名分。名实相符，就是符合情理，做到实事求是，主观符合客观，这样就能正确地决策，不相符则会决策失误，产生动乱。当把握了事物特殊的规律时，才能把握事物的本质。用科学的世界观和方法论，才能把握事物的普遍规律，这就需要我们有实事求是的态度。此谓君主之名实相符，科学思维。

《鬼谷子·决篇》

凡决物，必托于疑者。善其用福，恶其有患。善至于诱也，终无惑偏。有利焉，去其利则不受也，奇之所托。若有利于善者，隐托于恶，则不受矣，致疏远。故其有使失利者，有使离害者，此事之失。

圣人所以能成其事者有五：有以阳德之者，有以阴贼之者，有以信诚之者，有以蔽匿之者，有以平素之者。阳励于一言，阴励于二言，平素、枢机以用四者，微而施之。于是度以往事，验之来事，参之平素，可则决之。

王公大人之事也，危而美名者，可则决之；不用费力而易成者，可则决之；用力犯勤苦，然不得已而为之者，可则决之；去患者，可则决之；从福者，可则决之。故夫决情定疑，万事之机，以正乱治，决成败，难为者。故先王乃用蓍龟者，以自决也。

🌙 释义：

凡是要作出决断，必是心中有疑惑之处。正确的决断能带来福报，错误的决断就会带来祸害。在充分了解到对方的真实情况后，再作决断就会不偏不倚。作决断要对对方有利，如果对方觉得不利的话，就不会接受，这就需要一定的计谋加以实施。即使决断对对方有利，但是暗地里对对方有害，他们也是不能接受的，反而会疏远双方的关系。所以，作出的决断不但不利于对方，反而给对方带来伤害，那这就是一个失败的决断。

圣人之所以能成大业，作出正确的决断，有五种方法：用德义来感人；用制度来惩治；用信义来教化；用爱心来庇护；用廉洁来净化。归根到底仍为"阴""阳"二道，实施之时要讲究策略和方法，小心谨慎行事。推测以往，验证未来，再参考当下，就可以作出决断了。

王公大臣的事，如果意义崇高，而享有美名，就可以作出决断；不用费力就能轻易成功的事，那就作出决断；费力气又辛苦，但不得不做的，如果可以就作出决断；能消除忧患的，那就作出决断；如果能实现幸福的，就可以作出决断。因此，作出决断，解决事情疑惑是关键。澄清动乱，预知成败，这是一件很难做到的事。所以古代先王就用筮草和龟甲决定一些难断之事。

第八章

投资中的鬼谷本经

培养一位合格的投资经理并不容易。除了自身拥有的学识以外，合格的投资经理还需要掌握各种能力。

在《鬼谷子》中，"本经阴符"可能是最重要的一个篇章。"本"为事物根本，"经"为原则规律。"本经"，就是"根本规律"的意思。将鬼谷"本经"与投资经理的工作相对照，能够发现，"本经"指出了一名投资经理应该拥有的综合素养。

鬼谷本经用"盛神""养志""实意""分威""散势""转圜""损兑"描述一个人运用自身力量解决外部问题的七大法门。一个人精神旺盛，志气高纯，心安意定，就能分散敌手的威势，始终产生转圜不绝的计谋，最终实现"从心所欲不逾矩"的状态。

放之以投资领域，就是说一名操盘手需要培养自身内在的高度专注力、坚韧的意志，以便调动自身的全部力量，解决外部问题。对资金的运作、对市场的把控，核心都是人的修养本身。

优秀的投资经理，性格往往是独立而不偏执的。在市场、同行、客户的各种压力下，能够保持独立性，只有精神世界强大的人才能做到。当然，他们独立于市场冷静思考，但绝不会为了"独立"

而刻意地逆向或反向投资。这种独立，来自对自身精神力量的强大自信。这种自信令他们能够对投资坚持自我的判断，任凭风吹浪打，我自岿然不动。

尤其是对于做价值投资的人来说，内心的原则重于一切，独立的、内在的尺度重于一切，一个通过买奢侈品皮包就想让别人认同自己的人，不适合做价值投资；而一个根据自己内心的喜好行动，想穿什么就穿什么，想吃什么就吃什么的人，往往更具有价值投资的禀赋。

优秀的投资经理，对人性往往有着深刻的理解。人类社会的一切现象，都是基本人性的映射，投资市场也是如此。在这场个体与大众的心理博弈游戏当中，只有对自身与周边世界有深刻的洞察力，以及拥有超乎常人的自控能力的人，才有笑到最后的可能性。

对人性的深刻理解，一方面，表现为对情绪的良好控制。认知心理学告诉我们，决定人的情绪变化的是人们对事件的看法，而非事件本身；而不同情绪状态又会激发大脑产生不同的行动指令，即心情不同，行为也迥异，最终也就导致不同的结果。

在瞬息万变的股票市场中，投资人细微的情绪变化，往往会造成巨大的结果差异。正所谓"失之毫厘，谬以千里"，相信资深的投资人士对这一点体会深刻。优秀的基金经理，会迅速觉察到自己的情绪变化，尽量在不理智决策发生前进行干预。在经典的投资著作《对冲基金风云录》中，作者巴顿·比格斯描述了Empirica Capital公司的创始人、《成事在天》的作者纳西穆·塔勒波。这位投资高手不喜欢彭博终端上跳动的线条与数据，因为"当一名投资者把目光放在短时的涨跌上，他所关注的实际上是他投资的波动，而非实际收益。人，天生容易被感情所左右，但作为投资者，我们需要克服感性的因素。"

塔勒波的做法，是把自己和信息源隔离开来。他有时候强迫自己坐在没有信息终端的公园长椅上或咖啡馆里，读着诗展开思考，"有时必须强迫自己这样做"。

在控制情绪的同时，优秀的基金经理也能很好地控制自己的欲望，管理自己的生活。那些能够正确对待财富，与"成功的自己"和谐相处，光环身后仍然一如既往地勤勉工作，享受平常生活的快乐的人，往往会取得更大的成功。

另一方面，对人性的理解意味着，优秀的投资经理总是寻求与合作者的双赢，而非单赢。顶尖的投资大师巴菲特和芒格总是以"无压力结构"与人合作，即在合作的整个过程中，相关方都会受益而非受损。正是因为洞悉人性，他们能够感知到其他人的利益诉求并尽可能使彼此得到满足。所作所为总是促使与之关联的其他人受益，就能收获他人的支持和协助，而非压力与破坏。

优秀的投资经理，必然是耐心而又果断的。在没有机会的时候，能等很长时间；在找到机会买入的时候，可以承受长时间的不挣钱甚至被套牢，这是一种非常重要的品质。如果不赚钱就焦虑，是做不好投资的。投资有其规律存在，财富的爆发式增长背后是多方因素共振后的水到渠成。如《鬼谷子·持枢》中提到的，"持枢，谓春生、夏长、秋收、冬藏，天之正也，不可干而逆之，逆之者，虽成必败"。时间，是酿造成功不可或缺的因素，而判断时机的能力就来自对规律的掌握。掌握规律的人，在具有超强耐心的同时，也能具有刚决果断的品质，一旦真正的机会出现，便会全力以赴，绝不犹豫彷徨。

优秀的投资经理，必然是勤勉的。投资领域的传奇人物彼得·林奇曾经说过："与生俱来的天才投资者仅仅是一个神话——关于投资这个话题，努力工作和遵守纪律才是成功最为关键的因素。"

彼得·林奇自己就是这样的一个人。他每周只休息一天，每天早上6：15离开家，晚上7：15下班。

在通勤路上，他不会浪费时间，而是阅读研报。此外，他还经常加班，有时候直接在公司里睡觉。甚至连午餐时间他都不会浪费，而是约一家公司负责人边吃边谈。

他和他的助手每个月要捋一遍近2000家公司的情况，还要听取200个经纪人的意见。他通常每天都会接到几十个经纪人的电话，然后挑选其中最有价值的10%回电。回电的时间往往只有一分多钟，但里面总包含了几个关键性的问题。

光是这些工作量，想想就足以令人窒息。但这还不是彼得·林奇工作的全部。他以实地考察、调研闻名，在他管理麦哲伦基金时，一年的行程达到10万英里，折合每个工作日400英里。这让他能够实地访问200多家公司。无论身在何处，只要有感兴趣的公司在附近，彼得·林奇都会抽出时间过去考察。有统计显示，在一次赴欧洲参加国际会议期间，彼得·林奇用3周时间调研了23家上市公司，这次考察让他发现了沃尔沃的投资前景。

优秀的投资经理，对商业逻辑一定是极为敏感的，他们擅长从生活的细节中寻找投资灵感。仍以彼得·林奇为例，他的投资灵感并不仅来自各种研究报告，有很多还来自他日常的生活。

彼得·林奇曾经重仓过恒适（Hanes）的股票。

这一决策就来自他的日常生活。当时，恒适在波士顿、哥伦布等几个城市试销一种名叫"蛋袜"（L'Eggs）的产品。彼得·林奇的妻子使用之后大为赞赏。彼得·林奇立刻有了兴趣，对此展开调查。这样一来，他发现这款产品的前途无限：销售渠道畅通，使用体验好，贴身舒适，尺寸丰富，价格也相当实惠。最重要的是，这款产品没有竞品。

于是，彼得·林奇立刻大量买入恒适的股票。伴随着蛋袜的成功，恒适股价也连连提升。

不久后，竞品开始出现。彼得·林奇立刻作出了行动——他去超市买了48双不同尺寸、形状和颜色的袜子，发给办公室的同事让她们试穿。两周之后，同事们一致反映，还是蛋袜最好。于是，彼得·林奇坚持继续持有恒适，直到它被另外一家大公司收购。

在持有期间，恒适为彼得·林奇带来了10倍收益。这些贴近生活的调查一直是彼得·林奇投资决策的重要环节，也是他投资灵感的重要来源。

优秀的投资经理，还需要超强的纠错能力。没有人能永远不犯错，即使传奇如彼得·林奇，也曾经遭遇过多次股市大幅下跌。1987年9月至1987年11月的大跌就令他终生印象深刻：当时，仅1987年10月19日一天，道琼斯工业指数就暴跌了508.32点，跌幅达22.6%，上一次道指跌幅如此巨大，还是在1941年。

当时，彼得·林奇正在爱尔兰旅行，这也是他为数不多的休假时间。美股大跌的消息让他猝不及防，以至于在他的一生之书《彼得·林奇的成功投资》中，他提到"1987年10月的那一周是我一生中所经历过的最不寻常的一周"。

一天之内，麦哲伦基金管理公司的基金资产价值损失了18%，20亿美元的损失令客户们无比恐慌，这种恐慌也传染给了彼得·林奇。由于恐慌，也由于需要资金应付大规模赎回，彼得·林奇抛售了所有持有的股票。

但此后，经过深刻的思考，彼得·林奇认识到自己不能被意外事件打乱好的投资组合，于是积极纠错，继续持仓之前的组合。在市场稳住阵脚、积极反弹后，彼得·林奇靠着持有的投资组合，很快恢复了元气。

事后，彼得·林奇总结认为，"恐慌是自己当时犯的最大的错误"。经此一役，他更加坚定了自己"价值投资"的理念，再也没有在无计划的情况下出售过股票。

如他所言："寻找到优秀的公司才是投资成功的关键。不管某一天股市下跌508点还是108点，最终优秀的公司将会胜利，而普通公司将会失败，投资于这两类完全不同的公司的投资者也将会相应得到完全不同的回报。"

独立强大、理解人性、耐心果决、勤勉努力、细节制胜、善于反思，能够拥有这样特质的人，几乎都会是现实中的成功者。但对于投资经理来说，有一件事情比上述的一切都重要。

那就是，良好的道德品质与操守。

《鬼谷子·中经》作为全书的结尾，总结纵横家计谋智慧，施展权术的多项法门。而其中，"守义"被放在最后，也是最重要的位置。

长期以来，《鬼谷子》一向被认为是一本纵横天下之书，甚至有人认为其中都是阴谋诡计。但在全书的最后，却只有两个大字：守义。

投资经理掌握着大额的资金，也就有着巨大的权力。穿梭在富豪云集的环境里，言谈间都是几亿元甚至几十亿元的大交易，很容易给人带来难以抗拒的诱惑。心性不正之徒纵然有着极高的投资能力，最终也必然会以失败告终。

在华尔街上许多行走的年轻金融人才心目中，对冲基金SAC的创始人史蒂文·科恩是一个传奇人物。法拉利、直升机、每年花在艺术品保养上的数百万美元（科恩收藏了一条浸泡在福尔马林中的鲨鱼）都只是小数字，早在1998年，科恩每年付给高盛的交易佣金就超过1亿美元，可见其掌管的资金规模之大。

事实上，科恩确实是一个交易奇才，但他一向对基本面嗤之以鼻。在他看来，只要操作得当，垃圾也能卖出黄金的价钱。然而，随着他的基金规模越来越大，靠交易赚钱的空间也不断缩减。他的谋士们告诉他：必须关注基本面，才能带来持续的收益。

科恩也知道这一点，但他选择了另一种方式："制造"一个虚假的基本面。

2006年，科恩通过关系了解到，有两家制药公司依兰（Elan）和惠氏（Wyeth）正在联合开发一种治疗阿尔茨海默症的新药，且很快将通过FDA的认证。这种新药一旦研发成功，将创造极为丰厚的利润，潜在市场以千亿美元计。科恩当机立断重仓了这两家公司的股票。在当时市场大势下行的背景下，这两只股票因为科恩的资金注入而逆市上扬，科恩成为这两家公司的第一大股东。

华尔街大鳄的青睐，加上新药通过FDA二期认证的消息，让整个华尔街为之轰动。大家普遍相信，科恩敢于如此重仓，一定是确信新药将在FDA三期测试中顺利通过。于是，大批追随者涌入，让股价进一步水涨船高。

然而，2008年7月，当两家公司在芝加哥联合召开发布会时，整个世界都震惊了：他们给出的结果是，新药测试失败了。

科恩的部下们犹如五雷轰顶：科恩的SAC基金持有这两家公司的股票总额超过7亿美元，而新药研发的失败意味着这两家公司的价值一夜回到起点，跌幅将超过90%，甚至面临退市。一旦SAC承受了这7亿美元的亏损，这家基金将不可能有翻身的机会。

然而科恩却丝毫不慌，他告诉部下：这两家基金的股票，我早已经卖掉了。

难道科恩拥有未卜先知的能力吗？当然不是。没有人能够提前预知测试的结果，但总有人知道得更早。事后的调查显示，科恩手下的投资经理马托纳，在测试结果出来之前，长期和新药研发委员会的成员西德尼·吉尔曼保持着密切沟通。也就是说，当市场尚未得知新药研发的结果时，科恩已经违规了解到了这一信息。

此后，科恩展示了自己在交易领域的天才。他一方面用手中很少使用的几个小券商席位出货，一方面利用美国资本市场的"暗池"制度（即交易时间外的大额交易），在几天之内瞒天过海清空了所有的持股，甚至还"忙里偷闲"地做空了450万股惠氏的股票。

于是，在新药研发的失败中，许多投资者亏得很惨，而科恩则赚得盆满钵满。

当然，有一点是肯定的：天网恢恢疏而不漏，违反规则突破底线的人，纵然能够在短时间内赚到大钱，但终有一天将失去更多。

2009年，科恩的这次反常卖出终于进入了美国联邦调查局的视野。经过近3年的调查后，美国联邦调查局掌握了科恩手下与制药公司之间违规接触、传递信息的证据。最终，科恩支付了18亿美元的庭外和解费避免了牢狱之灾，而他的SAC基金则被关闭，他的手下马托纳被判9年监禁，没收全部财产。

事实上，作为投资经理，"守义"不止是一句口号，更是对自身工作具有很强指导意义的实际建议。通过坚守仁义，能够得到更多人的信任，团结更多、更强的力量。历史证明，凡是成功的政治家和政治集团，都非常重视守义举旗。

抗日战争时期，新四军军长叶挺就是高举抗日大旗，浴血奋战，救国救民，由此赢得了尊敬与追随。在皖南，新四军与国民党部队联合抗击日军，一名国军师长受上级暗示主动放弃阵地，导致日军越过防线抄截新四军，造成了惨重的伤亡。

关键时刻，叶挺军长冒险亲赴火线，高举义

旗，质问该名师长，大义凛然地以战地最高长官的身份执行军纪，当场将其枪决。同时，叶挺军长号召两军继续精诚团结，英勇作战，并奋身当先。这一举动震慑、激励了所有士兵，大大提振了士气，从而迅速扭转了不利形势。对于大义的重视，正是胜利的基础。

总而言之，投资即做人，脱离人性和道德而拥有财富，在投资领域是绝不可能的。即使在人工智能先进的今天，以人工智能取代管理型基金操盘手依然是不可能的。在我看来，用人工智能做投资与看K线做投资一样，是否留存了做投资的本质，还有待探讨。

投资是自我心性的提高，用数据、AI回避本质的心性与哲学思考，好似缘木求鱼。要想做好管理型基金产品的投资，除了以上述的目标要求自己，完善升华自身的品格与心性之外，没有别的出路。

《鬼谷子·中经》

中经，谓振穷趋急，施之能言厚德之人。救拘执，穷者不忘恩也。能言者，俦善博惠；施德者，依道。而救拘执者，养使小人。盖士，当世异时，或当因免阗坑，或当伐害能言，或当破德为雄，或当抑拘成罪，或当戚戚自善，或当败败自立。故道贵制人，不贵制于人也；制人者握权，制于人者失命。是以见形为容、象体为貌，闻声和音，解仇斗郤，缀去，却语，摄心，守义。《本经》，纪事者，纪道数，其变要在《持枢》《中经》。

见形为容、象体为貌者，谓爻为之生也，可以影响、形容、象貌而得之也。有守之人，目不视非，耳不听邪，言必《诗》《书》，行不淫僻，以道为形，以德为容，貌庄色温，不可象貌而得之。如是，隐情塞郤而去之。

闻声和音者，谓声气不同，则恩爱不接。故商、角不二合，徵、羽不相配。能为四声主者，其唯宫乎？故音不和则悲，是以声散、伤、丑、害者，言必逆于耳也。虽有美行盛誉，不可比目、合翼相须也。此乃气不合、音不调者也。

解仇斗郤。解仇者，谓解嬴微之仇；斗郤者，斗强也。强郤既斗，称胜者，高其功，盛其势；弱者哀其负，伤其卑，污其名，耻其宗。故胜者闻其功势，苟进而不知退；弱者闻哀其负，见其伤，则强大力，倍死者是也。郤无极大，御无强大，则皆可胁而并。

缀去者，谓缀己之系言，使有余思也。故接贞信者，称其行，厉其志，言可为可复，会之期喜。

以他人之庶，引验以结往，明款款而去之。

却语者，察伺短也。故言多必有数短之处，议其短验之。动以忌讳，示以时禁，其人因以怀惧，然后结以安其心，收语尽藏而却之，无见己之所不能于多方之人。

摄心者，谓逢好学伎术者，则为之称远。方验之道，惊以奇怪，人系其心于己。效之于人，验去乱前，其归诚于己。遭淫酒色者，为之术，音乐动之。以为必死，生日少之忧。喜以自所不见之事，终以可观漫澜之命，使有后会。

守义者，谓以仁义探其在，内以合也。探心深得其主也，从外制内，事有系，曲而随之。故小人比人，则左道而用之，至能败家夺国。非贤智不能守家以义，不能守国以道。圣人所贵道微妙者，诚以其可以转危为安、救亡使存也。

释义：

"中经"所说在赈灾救济之时，时间紧迫，没有从容思考的条件，均要求施行者能言且具有厚德。如果你能把囚者解救出囚禁之地，那些被救者，是不会忘记其恩德的。能言之士，必将此美德广为传播；有德之人，按照一定的道义准则去救助那些被拘押的人，并且养育那些被解救的平民。当世道不佳，谋士们有以下选择：借助外界的帮助，免于杀身之祸；或者游说权贵，讲清楚利害关系，谋取自身发展；或者打破传统观念，揭竿起义；或者被屈服沦为阶下囚；或者逃离世俗，独善其身，一辈子忧愁；或者即使受到打击，仍然不惧苦难，顽强拼搏。所以，那些能言厚道之人，贵在能控制人，而不是被他人控制。要想控制别人，就要掌握实权；受制于他人的话，就会身不由己，失去主动权。

要通过人的外表和形态观察此人的仪容，从其形象和表现，观察其精神面貌，通过这些综合观察，再加以仿效占卦的排列组合，就不难判定此人的内心世界了。对于那些德高望重又有操守之人，就很难从外面观察出内心世界了，这种人很有操守，眼中容不下非礼之事，耳听不见邪恶之音，说话必以《诗经》《书经》等经典为依据，总是能以一定的道德标准规范自己，体貌端正，外表温和，很难从外在推测出内心世界，这该怎么办呢？此时应该隐藏真情，等待时机，继续观察。

如果两个人声气不合，意气不投，那么在思想和感情上就很难相互接纳。正所谓"商角不二合，水火不相容"。如果五声不合，就很难奏成悲壮的曲调，如果你在外散布一些有害于其他人的不利言论，必将会传播出去，此时即使你再有善意举动和美誉，别人也不会与你并肩作战，相互支持了。这就是声气不合，意气不投。

所谓"解仇斗郄"，就是消除那些微小的矛盾，使强者相互斗争。当双方的矛盾比较微弱的时候，应该化解矛盾，促成联合。当双方都是强者的时候，应该让其双方互相斗争。当斗争结束后，要称赞胜利的一方，赞赏其功劳和气势；而失败一方，因兵败力弱，有毁声名，愧对于祖先而痛心。所以，胜利者得到赞赏后，就会轻敌而贸然进攻。而失败者，得到同情后，反而会更努力，拼死抵抗。胜利者虽强大，但是也有弱点，杀敌一千自损八百，自身也受到了一定的损伤，防御也不是那么牢固。我方此时可以利用兵力胁迫其和我们合作，从而达到吞并的目的。

"缀去"的方法是，对于即将离去的人，也要讲出真心挽留的赞美之词，使其留下美好印象和思念。所以遇到信守的人，一定要赞美其德行，鼓舞勇气。表示我们还会有合作的机会，对方也会内心喜悦。以他人之幸运，去引验他往日的光荣，即使款款而去，也十分留恋于我们。

"却语"的方法是，暗中观察一些人的短处。言多必失，当对方有过失之处时，要找机会告知。要用他那些犯忌讳的话语和言行警告他，使其及时纠正，此时我们也会向他表明并非恶意，并为他永久保密。希望他以后能吸取教训，改邪归正，不要在其他人那里留下把柄。

"摄心"的方法是，遇到那些好学技艺高超的人，应该主动为他扩大影响力，验证他的本领，让广大人士尊敬他，佩服他的才能，则此人必将心系于我。好学之人，我们也要让他的技能服务于大众，通过现实的验证，来实现他的远大抱负和自我价值，这样方能得到贤能之人，而且他也会对你忠心耿耿。遇到沉于酒色的人，要动之以情晓之以理，用音乐感化他们，让他们认清酒色的危害，从而认识到生命的短暂，以此，引导他们大开眼界，向往美好人生，使之觉得将会与我后会有期。

"守义"的方法是，自己坚持为人之道义，并用仁义之心，打动对方。从外到内控制人心，从此无往而不胜，使人们紧紧跟随你身后。如果领导者是小人，必搞一些歪门邪道，从而必将家破人亡，被人吞并。如果不是圣贤掌权，就不能用义来治家，用道来守国。圣人都是通过崇尚道义来团结群众力量，高举有利于广大人民群众的愿望之旗，促进社会进步，造福人类。

第九章

女性投资者的优势

女性天生是很好的投资者。

——沃伦·巴菲特

女性，在男性居多的投资行业里，可能算是个异类。投资不是体育比赛，计算成败的只有利润与风险，与性别无关。但是，两性间的许多不同之处，在投资的风格、模式上也必然带来差异，善用这种差异带来的优势，也许会让投资走得更远，走得更稳。

相较于男性以纯理性思维步步紧逼的投资模式，女性拥有更敏感的直觉和恰到好处的疏阔，这让女性投资者即使在牛市时"飞"得很高，背后也总有一根看不见的线，能把自己的浮躁拉住。投资这个行业天生中带着些许焦躁，女性隐忍坚韧的性格特质让她们的投资少了"杀气"，多了稳重。

这也许和洪荒年代人类的分工有关。为了狩猎，男性拥有更高的雄性激素水平，因而愿意冒险搏斗；而女性则更愿意避开风险，在采集时以细致的观察和独立的思考，避开有毒的水果和蘑菇。诚然，性别决定不了成败，但知晓客观标准的存在，明辨哪些风险不是必须承受的，对女性投资者的投资管理工作很有帮助——它有助于平衡利弊得失，让自己始终处于健康状态。

2007年，两位冰岛女性海拉·托马斯多特和克里斯蒂·彼得斯多蒂尔创立了一家名为奥度资本（Audur Capital）的金融服务公司。在此后的2008年国际金融危机中，奥度资本是唯一没有给客户带来任何直接损失、平安度过危机的金融公司。

托马斯多特女士是一位极富洞见的成功女性。在2016年，她曾参与竞选冰岛总统。对于奥度资本的成功，她归功于奥度资本拥有的女性价值观：

第一，风险意识，我们不会投资于我们不能理解的事物；

第二，取利有道，我们对利益的定义相当宽泛，这就不仅是经济利益，而是对社会和环境有积极影响的利益；

第三，情感资本，在进行投资时我们进行情感方面的尽职调查，作为对公司的考察，我们考察人、企业文化究竟是在公司里作为一项资产还是作为一种债务来处理；

第四，通俗易懂，我们认为金融语言应该是易懂的，金融文化不应该让人云里雾里，摸不着头脑；

第五，独立自主，我们希望看到越来越多的女性实现财务独立，因为唯有如此，你才有可能实现自己梦想中的自由后，才能不偏不倚地提出建议。

　　在加利福尼亚大学任教的布莱特·M.巴柏和特伦斯·奥迪恩曾经对3.5万个账户进行调查，发现女性投资经理在性情与绩效方面具有优势。在以"男子汉型"为主导的金融事业方面，女性投资经理往往更不自负，更愿意承认自己的无知，这有助于提高投资收益，规避投资风险。

　　每一个投资经理都必然是自信的。但过度自信会带来自负，而自负则会潜移默化地影响投资行为与收益。自负往往带来更高的交易频率，而交易频率过高则会积累更高的交易成本，从而拉低收益，甚至可能把本来明智的投资组合弄得一团糟。数据显示，在交易频率方面，男性投资者要比女性投资者的交易频率高45%，这样过度频繁的交易会损失净值收益的2.65%。这个数据足以体现出，全世界所有的投资技巧相加，也抵不过坏习惯的影响。

　　对风险的厌恶使女性在选股方面更倾向于持有较低风险的股票。在大起大落的反常市场环境中，女性投资经理倾向于"就地卧倒"，不会轻易变动自己的投资组合，而某些男性投资经理则倾向于快速启动避险反应，结果在最不该卖出的时机将股票卖掉。这样一来，不但要承担巨额损失，还会错过市场复苏期。

　　与一些"大男子主义"的男性投资经理相比，

女性投资经理通常也更能够承认自己对某些知识的缺乏。在投资领域，没有人是全知全能的，保留自我怀疑与批判的意识，虚心多学、多调研，往往会为投资带来益处。

Hedge Fund Research, Inc.的研究数据显示，在2008年国际金融危机期间，基金平均下跌幅度达19.03%的情况下，女性管理的基金仅下跌了9.61%；而在市场上升期间，女性管理的基金上升得更多。这与女性投资经理更全面、细致的调研与更强的承压能力显著相关。

总的来说，女性投资经理往往具有以下特征：

1. 交易频率更低；

2. 不自负，乐于承认自己的无知；

3. 厌恶风险；

4. 不过度乐观，脚踏实地；

5. 注重细节，花费更多的精力进行细致的研究和考察，同时考察替代的观点；

6. 不受同辈压力的影响，承压能力强，有韧性，会坚持自己的决策；

7. 知错能改，更愿意通过反省从自身的错误中吸取教训；

8. 冲动行事的概率更低。

2019年6月的一个晚上，我在上海做东宴请了几位北京来的金融圈好友。席间，有一位以交易频繁著名的私募老板问我："你持有的重仓股往往一拿就是两年以上，甚至五年。这期间又不做什么操作，这样能赚到大钱吗？"

我的回答是："作为价值投资者，我会关注重仓股的成长价值，在其到达成长瓶颈期前我都会选择持有。"

这样的投资理念，最终也帮助我赚到了钱，我重仓持有的几只股票都为账户带来了不错的收益，投资业绩进入全国私募产品的第一梯队，令我取得了2019年度"中国优秀私募基金经理"的荣誉。所以，这个问题的答案是，能！

当然，这并不是说频繁交易的投资思路就一定不对。每个人的性情、长处不同，投资的风格、模式也有异，盈利才是硬道理。

很多时候，当外界因为盈利而对一位投资经理产生关注时，被关注者往往会宣称，这不过是偶遇了运气。但只有身为过来人才会知道，世界上的成功几乎都离不开运气，但排在运气之前的，一定是默默的耕耘与努力。没有人能预知自己是否会遇到运气，但必须做好准备。选股、持仓、清仓，每一个看似果决的决断背后，都是长期的思考与打磨。

作为女性投资者，怀着对自我的严苛要求和

对市场的敏锐感受，往往会远离人人皆知的"大热股"。选股如恋爱，被塑造出来的"大众情人"往往不是好的对象；有些股票为了被"看见"、被"选中"，往往作出很多吸引眼球的动作，但真正优秀的"恋爱对象"与投资标的，都是那些能够守住自我、始终具有独立思考与表达能力的人与公司。在一场成功的投资中，投资者与投资对象彼此独立思考，又相互信任、依存，正是投资的魅力。

五年来，我带领着畅力资产，经历了资本市场的历练。多次凶险的股灾并没有吓倒我与我的团队成员。恰恰相反，我们不断反省，不断提升投资策略和技能，不断适应这个市场。

这一过程是艰辛的，也是幸福的。而支撑我们走下去的，是始终支持、信任我们的尊贵客户们。他们将手中的宝贵财富交给我们，这份信任成为让我们前行的原动力。如果没有充分的信任，我们便不可能取得如今的成绩。

还记得，在畅力资产成立之初，如果没有那几位忠实客户认购我管理的基金产品，我又如何走上阳光私募基金这条光荣的荆棘路？这五年间，许多客户就像忘了买过我的产品一样，从来不问我投资观点，更不会给我施加压力。在市场遭遇股灾，我管理的产品遭遇回撤时，倒是有几位大客户给我打电话。我怀着不安的心情接通了电话，得到的却丝毫没有责怪，满满的都是关心："放轻松点，保持良好的状态，最近市场不好，如果身体和精神有负能量，可以去健健身运动一下……"

有这样的客户，让我怎能不以"忠实"作为信条，忠实于这份信任，忠实于这份托付？对于每一位客户的信任，我深深感恩。在此，我想对我的客户们深鞠一躬：感谢您的支持，唯信任不可辜负，我珍视您！

同样要感恩的，还有与我并肩奋斗的团队伙伴们。亲爱的伙伴们，是我们对投资共同的热爱让我们走到一起，几乎每天我们工作十五六个小时，只为了让热爱的投资事业走得更远，让我们的梦想更近。

要感谢的，还有金融投资圈和研究圈的朋友们多年以来给予的支持与鼓励。畅力资产是一家年轻的公司，在它前行的道路上，得到了投资圈与研究圈同仁们的关注，由其及时提供的研究分析、数据分析报告和充足的支持，让我们能更加深入地研究投资标的，信心十足地作出决策。

此外，与我一起探讨过投资的各路高手们，往届摘取私募冠军的友人们，业内优秀的研究员、投资经理和基金经理们，在与你们的交往中，我学到了很多、很多。"近朱者赤",你们的故事与经验,是我投资路上的借镜与养分。

在此,感谢在百忙中为我作序的国寿养老公司张林广先生、第一创业证券股份有限公司尹占华先生、国泰君安研究所黄燕铭先生、天风证券赵晓光先生、恒大研究院任泽平先生、兴业证券王德伦先生、中信产业基金田宇先生、广州基金韩颖先生、天风证券股份有限公司研究所徐彪先生,在你们的鼓励下,我不忘初心、砥砺前行、不断成长。

并且,感谢在我撰写此书期间给予我提出宝贵意见的国寿养老风控部的马驰、范文豹等挚友们,还有许多没有列出姓名的朋友们,在此一并感谢你们!感恩遇见你们,使我在人生前行的道路上有你们的陪伴,令我感受到友情的温暖和珍贵。因为你们的鼓励和支持,使我在"新冠病毒"疫情期间完成这部作品。

最后,我要感谢我的爱人和孩子,因为你们的爱,所以我会变得很努力、很执着,也很坚强。希望你们永远幸福、快乐。